Ezzelino von Wedel
Immer noch ein toller Typ

Die Deutsche Bibliothek – CIP-Einheitsaufnahme
Wedel, Ezzelino von:
Immer noch ein toller Typ: Satirische Notizen
für den Mann in den besten Jahren / Ezzelino von Wedel. –
Stuttgart: Kreuz, 1994
ISBN 3-7831-1308-3

1 2 3 4 5   98 97 96 95 94

© by Dieter Breitsohl AG
Literarische Agentur Zürich
Alle deutschsprachigen Rechte beim Kreuz Verlag Stuttgart
Postfach 800669, 70506 Stuttgart
Tel. 07 11 / 78 80 30
Umschlaggestaltung: Jürgen Reichert
Umschlagkarikatur: David Levine
© 1993 Lescher & Lescher / Distr. BULLS
Gesamtherstellung: Clausen & Bosse, Leck
ISBN 3 7831 1308 3

Ezzelino von Wedel

Immer noch ein toller Typ

Satirische Notizen für den Mann in den besten Jahren

KREUZ

Inhalt

Das Ende der Jugend
Ein Treppenwitz

Wann ist es zum erstenmal dagewesen? Dieses merkwürdige Bewußtsein: Du bist nicht mehr jung? Dieses schwer zu fassende Gefühl, das ich als Unbehagen empfand; nicht als Unbehagen, alt zu sein, sondern zu altern, in eine graue, glatte, schlüpfrige Zwischenzone hineinzukommen, in der ich mich nicht gut auskenne, in der ich mich unsicher bewege, als könnte ich ausrutschen, mein Gleichgewicht verlieren und stürzen. Das Ende der Jugend. Vor mir liegt unbekanntes Terrain.

Mein Büro, in Bremen sagen sie: das Kontor, in dem ich arbeite, befindet sich im 1. Stock. Wenn ich morgens ankomme, muß ich einen langen Flur hinuntergehen. Am Ende des Flurs befindet sich ein Lift, rechts davon die Treppe, die nach oben führt. Dort ist es passiert. Ich war mit zwei anderen Männern den Flur entlanggegangen. Der eine ein älterer Kollege, der andere Mitte Zwanzig, mein Praktikant.

Am Ende des Flurs schwenkt der ältere Kollege nach links zum Lift, obwohl sein Zimmer auch im ersten Stock liegt. Ich empfinde Genugtuung.

Wie herrlich, jung und fit zu sein. Der schafft noch nicht mal eine Treppe, obwohl er kaum acht Jahre älter ist als ich.

Mit einem Knopfdruck öffnet mein Kollege die Tür.

»Steigst du mit ein?« fragt er.

»Nein danke, ich laufe.«

Die Tür schließt sich hinter ihm. Fahre wohl in deinem Stehsarg, schießt es mir durch den Kopf. Verachtung macht sich in mir breit. Irgendwann lassen sie sich alle gehen, geben den Kampf auf, werden fett, feist, faul und fad. Ihr Lebenszyklus ist zum banalen Tagesablauf degeneriert. Vom Bett auf den Stuhl, vom Stuhl ins Auto, vom Auto in den Lift, vom Lift in den Bürosessel, zurück ins Auto, ächzend in den Fernsehsessel und zum Schluß wieder ins Bett. Neunzig Prozent des Lebens verbringen sie im Sitzen und Liegen, zehn Prozent, um vom Liegen zum Sitzen, vom Sitzen zum Liegen überzugehen.

Ich fühle mich sportlich überlegen und körperlich topfit. So weit bin ich noch lange nicht, daß ich den Lift nehme. Mich kriegt ihr nicht so schnell klein.

Elastischen Schritts erklimme ich mit meinem Praktikanten die Treppe. Ein kräftiger Typ, die Hosen wölben sich über muskulösen Oberschenkeln. Es drängt mich, das Tempo zu bestimmen und immer ein paar Stufen voraus zu sein, als wollte ich dem jungen Mann zeigen: Auch wenn du zwanzig Jahre jünger bist als ich, du mußt dich anstrengen, um mit mir Schritt zu halten.

Wir kommen oben an, ich eine halbe Stufe vor ihm. Er stellt mir eine Frage. Mich interessiert nur eins: Ist er außer Atem? Muß seine Lunge auch so pumpen wie meine? Ich hole tief Luft, als wäre das so meine Art, vor jeder Antwort gut einzuatmen.

Und da ist es zum erstenmal dagewesen, dieses merkwürdige Bewußtsein: Du bist nicht mehr jung. Da habe ich gemerkt, daß sich etwas geändert hat. Ich bin älter geworden. Nicht, weil ich außer Atem bin. Sondern weil ich beweisen muß, daß ich noch jung bin. *Noch* jung, *noch* nicht alt. Damit fängt es an, mit diesem Noch. Wenn sich dieses Noch plötzlich einschleicht, dann merkst du, du gehörst nicht mehr zu den Jungen.

Ein Platzwechsel hat stattgefunden. Ich gehörte doch immer zu den Jungen. Die Älteren, das waren die anderen. Und nun ist es auf einmal umgekehrt. Die Jungen, das sind die anderen. Die Älteren, das bin ich.

Es ist passiert. Ich gehöre mit einemmal zu jenen, die für mich immer die anderen waren, zu den Älteren, die Gott sei Dank die anderen waren, zu denen ich im Ernst nie gehören wollte. Das moderne Unbehagen schlechthin hat mich eingeholt: Ich bin, was ich nicht sein will.

Über meinen Körper habe ich es erfahren. Er bringt mich nicht nur in Atem-, sondern auch in

9

Beweisnot. Mein Körper, der bislang eine Einheit mit mir bildete, der solidarisch mit mir war, über den ich mich bedenkenlos identifizierte, Quelle der herrlichsten Genüsse — mein Freund, willst du dich von mir abwenden und mich im Stich lassen? Willst du mich dem Alter ausliefern? Sag mir, wer bin ich ohne dich, getrennt von dir? Kann ich noch jung sein, wenn du alt wirst? Tut sich von nun an eine Kluft auf zwischen dir und mir, die ich in verzweifeltem Spagat zu überbrükken versuche? Heißt *das* Älterwerden: den Riß zwischen Körper und Bewußtsein spüren, eine von Tag zu Tag größer werdende Wunde, die jeden Morgen mit einem neuen Verband bedeckt werden muß?

Mit einem Schlag stehe ich vor metaphysischen Fragen. Alles nur, weil ich nicht den Lift nehme.

Ich bin sehr lange Zeit ein junger Mann gewesen. Ich fühlte mich heimisch und sicher in dem Gefühl, nicht altern zu müssen. Ich habe mich immer gern mit alten Menschen unterhalten, weil ich aus kindlicher, fast unschuldiger Neugier wissen wollte, wie es ist, alt zu sein. Es ging mir so wie Sokrates, der eines Tages in das Haus eines alten Mannes, Kephalos, eingeladen wird.

»Du mußt wissen«, sagt Kephalos zu ihm, »daß für mich, je mehr die körperlichen Freuden verwelken, der Wunsch nach Konversation und die Freude daran zunehmen.«

»Auch ich«, antwortet ihm Sokrates, »pflege sehr gern das Gespräch mit Greisen. Denn ich glaube, da sie ja einen Weg vorausgegangen sind, den auch wir vielleicht werden zu gehen haben, müssen wir von ihnen erforschen, wie er also beschaffen ist, ob rauh oder beschwerlich, oder leicht und bequem. Und ich würde bestimmt gern hören, was du davon denkst, der du an jenem Punkt des Lebens angelangt bist, den die Dichter die Schwelle des Alters nennen: Ist das ein schwieriger Moment des Lebens, oder welche Mitteilung kannst du uns davon machen?«

Jetzt ist es soweit. Der Moment ist mehr als schwierig. Das Alter senkt sich auf mich herab und rieselt durch alle Poren ins Innerste meines sich so jung wähnenden Ichs. Neue Erkenntnisse steigen aus der trübseligen Seelenlandschaft auf. Ist es meinen Praktikanten etwa auch aufgefallen, daß ich ihnen gegenüber seltsame Phrasen benutze, wie ich sie von früher in Erinnerung habe, als Erwachsene mit mir sprachen. »Als ich noch studierte... Heutzutage meint jeder... Nach meiner Erfahrung...«

Habe ich mich nicht erst vor kurzem mit dem einleitenden Satz »Als ich noch studierte« über jenen damaligen Professor und späteren Bischof lustig gemacht, der mit Ende Vierzig zu seinen Vorlesungen in hautengen Jeans erschien und sich rhythmisch in den Hüften wiegte, während er über die Gleichnisse Jesu dozierte? Nach meiner Erinnerung saßen sehr viele junge Studentinnen in den ersten Reihen und bewunderten den gleichnishaften Charakter des sanften Hüftschwungs.

Aber was ist seitdem aus mir geworden? Bin ich nicht in den Augen meiner Praktikanten genau das, worüber ich mich lustig mache – ein Alternder, der es auf andere Alternde abgesehen hat? Mir steigt die Schamröte ins Gesicht beim Gedanken daran, wie oft ich die Geschichte vom hüftschwingenden Professor schon erzählt habe. Ich sehe sie alle an einem Tisch sitzen, meine jungen Praktikanten, und vor Gelächter über mich brüllen. »Hat er dir auch die Nummer mit dem späteren Bischof? ...« – »Und dabei trägt er selber immer Jeans...« Und abgesehen von dieser peinlichen Form der Bewältigung – ist nicht schon das ständige Wiedererzählen der immer gleichen Geschichten ein sicheres Indiz für den einsetzenden Alterungsprozeß? Auch wenn man sagt: »Ich erinnere mich« – in Wirklichkeit hat man längst aufgehört, sich zu erinnern. Die Vergangenheit ist zu sechs oder sieben Anekdoten geronnen. Auf dem unaufgeräumten Dachboden erwarten einen mehr Überraschungen als im eigenen Gedächtnis. Meine Vergangenheit ist das, was ich erzähle, nicht das, woran ich mich erinnere.

Altern heißt, sich konsolidieren, zu deutsch: verfestigen. Die Bandscheiben verknorpeln sich, die Gelenke verlieren an Elastizität, und das, was man erlebt hat, verfestigt sich zu ein paar Geschichten. Was Altern heißt, läßt sich in vier Worte fassen: Aus Energie wird Masse.

Was soll ich also von jenen Gleichaltrigen halten, die es fertigbringen, ihre alten Geschichten jedesmal mit dem gleichen Schwung und dem gleichen lauten Schlußgelächter zu erzählen, obwohl sie die Pointen im Schlaf und abgetrennt von der Anekdote hersagen könnten? Ist diese verläßlich einsetzbare Spontaneität eine besonders raffinierte Art, das Altern zu tarnen? Oder steht dahinter, was Gott verhüten möge, ungebrochene, vitale Erlebniskraft?

Überhaupt die Gleichaltrigen – die meisten von ihnen sind unerträglich. Aber sehr geeignet als Anschauungsobjekte, an denen man den einsetzenden Verfall leidenschaftslos beobachten kann.

Mein Kollege D. hat mich in letzter Zeit stark beschäftigt. Innerhalb nur weniger Monate ist ihm sein jugendliches Aussehen abhanden gekommen. Diese rötlichen Kapilläräderchen um die Augen. Und die gelblichen Zähne. Wie sich doch sein quengelnder Charakterzug in das gelbliche Gesicht eingefressen hat. Der wahre Charakter tritt immer mehr zutage. Individuation, hat C. G. Jung das genannt.

Wie erquickend, wenn ich mit *ihm* die Treppe ersteige und sein Gekeuche höre. Dieser heftige

Atem, ein höchst zweideutiges Geräusch. Ob er in den Armen seiner Frau auch so keucht? Na ja, das wird wohl nur noch recht selten vorkommen. Wie gut es doch tut, einen Gleichaltrigen älter zu erleben, als man selber ist. Das erleichtert die irritierenden Erfahrungen mit den Praktikanten.

Immer kommt irgendwann der Augenblick, an dem sie wissen wollen, wie alt ich bin. Und ich merke, ich will damit ungern herausrücken. Soll ich fragen: Schätzen Sie mal? Das könnte riskant werden. Aber was, wenn die Frage überhaupt nicht mehr auftaucht? Das wäre noch gefährlicher – für mich. Neulich sagte mir ein Praktikant, mit dem ich mich zum Schluß duzte: »Mensch, du hast dich gut gehalten.« Ein eher schmerzliches Kompliment. Dahinter steckt jenes bedrohliche Noch. Noch bist du flexibel, noch kannst du mithalten, noch hast du Einfälle, noch wirkst du jugendlich. Bloß nicht alt werden, heißt die unausgesprochene Botschaft. Noch also bin ich nicht alt. Noch habe ich eine Gnadenfrist. Aber was kommt danach? Und was war davor?

In letzter Zeit mußte ich oft an Schlüsselsituationen meiner Jugend denken. Eine Auseinandersetzung mit meinem Vater zum Beispiel. Er warf mir herrisch einen Satz hin, und ich hatte nicht die Kraft, ihm etwas entgegenzuhalten. Heute wüßte ich genau, wie ich ihn mit einem geschliffenen Satz hätte schachmatt setzen können. In meiner Phantasie habe ich die Szene oft durchgespielt. Aber es ist vorbei. Ich habe die Chance verpaßt.

Oder jene Situation, als ich das erste Mal mit einem Mädchen alleine in einem Zimmer war. Wenn ich ein bißchen mehr Mut gehabt hätte, wer weiß, was passiert wäre. Doch, ich weiß es genau. Das, was ich von Anfang an wollte. Und das wäre jedenfalls mehr gewesen als die peinlich-stumme Situation, die zu einem verklemmten Abschied führte. Ich wollte mehr, und sie, das weiß ich heute, auch.

Oder jene andere Situation, als ich eigentlich gar nicht wollte, sie auch nicht, und wir uns über unser Nichtwollen hinwegsetzten.

Und so meldet es sich, das ungelebte Leben, die verpaßten Gelegenheiten, die falschen Entscheidungen. Wenn ich erst einmal damit anfange, was ich gern anders gemacht hätte... Warum habe ich mich als Jugendlicher nicht jugendlich angezogen, sondern wie ein älterer Herr, immer im Anzug und mit Krawatte? Warum bin ich nicht in die Tanzlokale von damals gegangen, warum habe ich mich so vor meiner eigenen Jugendlichkeit gefürchtet? Und warum habe ich Theologie studiert? Ich würde heute einiges anders machen, wenn ich — ja wenn ich zum Beispiel wieder so jung wäre wie jene Praktikanten, dann würde ich mich jung anziehen, ein Motorrad kaufen, natürlich auch Platon und Goethe lesen, aber dann in die Disco tanzen gehen.

Warum soll ich mir etwas vormachen? Ich beneide diese Jüngeren, auch wenn ich weiß, daß sie sich wahrscheinlich nicht viel besser fühlen als ich mich. Das ist mir egal. Ich merke nur, was sie in *mir* auslösen. Beneiden? Nein, es ist mehr, es ist Neid.

Ich neide ihnen ihre Jugend und die Möglichkeiten, die vor ihnen liegen, während mein Leben immer ärmer an Möglichkeiten wird. Ich traure um das, was ich an eigener Jugend und an unwiederbringlichen Möglichkeiten vertan habe.

Und was zum Teufel soll ich heute anziehen? Trägt man mit 45 noch Jeans? Claus Peymann hat vor einigen Jahren öffentlich gesagt, ab 50 wolle er den Jeans abschwören. Was hat er für eine Figur? Bis 50 bleiben mir noch drei Jahre. Und dann? Wirkt ein 50jähriger mit Jeans lächerlich? Was ist mit Turnschuhen? Und wenn ich mal unrasiert komme? Darf ich noch schlüpfrige Witze erzählen? Mache ich dann nicht den Eindruck eines angejahrten Lüstlings? Es ist fürchterlich, heute, als 47jähriger, habe ich viel mehr Lust dazu als vor 20 Jahren.

Ich habe Hemmungen, vor den Praktikanten über jemanden zu urteilen, er sei senil. Das könnte auf mich zurückschlagen. Ich ertappe mich dabei, daß ich mich ungern von jüngeren Fahrradfahrern überholen lasse.

Ich bemerke, daß Jüngere den Trend bestimmen, daß ich von ihnen lernen könnte. Von Jüngeren lernen, das ist wie eine Demütigung.

Früher, wenn ich las, daß ein 40jähriger einen Bestseller geschrieben oder etwas Bemerkenswertes auf die Beine gestellt hat, dachte ich – das ist weit weg. Du hast noch Zeit. Heute vergleiche ich. Was haben die Gleichaltrigen geleistet? Wieviel mehr verdienen sie als ich? In meinem Alter kann man Staatssekretär, Chefredakteur, Intendant, Manager, Direktor, Minister, ja Präsident sein. Kennedy war 43, als er zum Präsidenten der Vereinigten Staaten gewählt wurde. Ich bin 47. Ich bin Redakteur.

Ich habe zwei Bücher geschrieben, eins würde ich ganz gern einstampfen lassen, das andere gefällt mir, aber ich fürchte, es war der einzige wirklich originelle Gedanke, auf 120 Seiten elaboriert, den ich je hervorgebracht habe. Meine Zukunft läge, so gesehen, hinter mir. Also frage ich mich: Was ist von dir noch zu erwarten? Bist du ganz und gar geworden, was du bist? Hast du deinen Höhepunkt hinter dir? Hat der Vulkan sein Feuer ausgespien? Geht es jetzt langsam die abschüssige Bahn hinunter? Kannst du mehr tun, als die Abfahrt zu verlangsamen?

Oder steckt da noch ein Messias in dir, etwas, worauf du hoffen kannst? Wird es in deinem Leben noch etwas Neues geben, oder wirst du nur noch dich selbst und deine Routine verwalten? Etwas Neues. Was könnte das sein?

So bedrängen mich die Fragen. Es ist nichts zu machen. Ich werde älter, auch wenn die Gemüsefrau fragt: Was darf es sein, junger Mann?

Es gibt ein berühmtes Gedicht von Hermann Hesse: Stufen.

Wie jede Blüte welkt und jede Jugend
Dem Alter weicht, blüht jede Lebensstufe,
Blüht jede Weisheit auch und jede Tugend
Zu ihrer Zeit und darf nicht ewig dauern.
Es muß das Herz bei jedem Lebensrufe
Bereit zum Abschied sein und Neubeginne,
Um sich in Tapferkeit und ohne Trauern
In andre, neue Bindungen zu geben.
Und jedem Anfang wohnt ein Zauber inne,
Der uns beschützt und der uns hilft, zu leben.[1]

Damals, als ich mir zum erstenmal der Tatsache bewußt wurde, daß ich nicht mehr jung bin, auf der Treppe von Radio Bremen, leicht außer Atem und begleitet von einem beunruhigend ruhig atmenden Praktikanten, fühlte ich nichts von Weisheit, Tugend, Tapferkeit und Zauber, nichts von Schutz und helfenden Mächten, sondern ich schämte mich wie einer, der plötzlich ertappt wird, der eine Blöße an sich entdeckt und versucht, sie zu verbergen.

Ich bin älter, aber ich will es verbergen. Ich bin, wenn auch noch nicht so plump, wie jene Männer, denen die Haare ausfallen und die sich knapp über dem Ohr einen Scheitel ziehen, um die Blöße ihrer Glatze mit einem geölten oder fettigen Haarstrang zu bedecken.

Ich bin wie jene Männer, die weite Pullover anziehen, um ihren sich rundenden Bauch zu verhüllen. Männer, die ich immer verachtet habe. So wie ich Perückenträger verachte und einen kriminalistischen Blick entwickelt habe, mit dem ich jeden Perückenträger schon auf größere Entfernung erkenne. Könnt ihr denn nicht zu eurer Glatze stehen, würde ich ihnen am liebsten zurufen. Lächerlich seid ihr doch nicht wegen der Glatze, sondern wegen des Versuchs, den Mangel an Haaren zu verbergen. Aber auf meine Weise habe ich damals, auf dem Weg ins Kontor, nichts anderes getan als diese Männer. Und so schämte ich mich, daß ich plötzlich älter war, schämte mich dafür, daß ich mich schämte, und verachtete mich für den plumpen Versuch, mein Älterwerden wie etwas Obszönes vor den Blicken Jüngerer zu verhüllen. Das, lieber Hermann Hesse, war meine Initiation, der Übergang von einer Lebensstufe zur nächsten.

Backen statt Kinderkriegen
Warum Leistung sich trotzdem lohnt

Du wirst alt, du wirst alt, du wirst alt...
Es ist Abend. Der Abend jenes schockierenden Tages. Heute gehe ich zu Fuß nach Hause. Ich muß mein wankendes Selbstbewußtsein stabilisieren. Was setze ich dieser dunklen Angst entgegen, die in meiner Magengrube wie eine schwarze Sonne ihre Strahlen ausschickt?

»Nichts«, spricht der Priester. Der Priester, mein Begleiter aus Internatszeiten.

Damals, im Internat, führte ich ein Tagebuch. Als mich einmal Heimweh und Verzweiflung überfielen, stellte ich mir vor, ein freundlicher Priester in schwarzer Soutane sitze mir gegenüber – ein junger Priester, mir wohlgesonnen, mein Freund, fast mein Bruder, und doch von überlegener Weisheit, wie sie in unserer Familie nicht existierte. Ich lieh dem Priester meine Stimme, und er begann zu reden. Was er mir erzählte, schrieb ich andächtig auf.

Beim Tagebuchschreiben, wenn der Priester zu sprechen begann, überkam mich eine hymnische Stimmung. Ich malte mir aus, er würde im

Altarraum einer gotischen Kirche stehen und in einer Art Sprechgesang zu mir reden. Was er deklamierte, klang wie reinste Offenbarung, wie unfehlbare Weisung, der kein Zweifel etwas anhaben konnte. Gott war plötzlich ganz nah, und voller Überraschung und Glück dachte ich: Das also ist Gott – völlig anders, als ich ihn mir je vorgestellt hatte. Woge über Woge von Schönheit, Liebe und Würde, nah und unnahbar zugleich, erweckte und erfüllte Sehnsucht in einem. Durch die Fenster der Kathedrale strömten Lichtfluten herab und vermischten sich mit den Worten des Priesters zu einem Hymnus, der meine Verzweiflung von mir nahm und mich über mein Elend emporhob. Ein Gefühl des Erhabenen durchströmte mich. Ich war kurz vorm Weinen. Es waren nicht Tränen des Schmerzes, auch nicht des Glücks, sondern der Befreiung von einer unerträglichen Enge.

»Nichts tust du gegen die Angst«, spricht der Priester. »Denn die Angst hat recht. Sie hat einen Grund. Laß sie bei dir bleiben, verscheuche sie nicht.«

Der Priester hat seit den Internatstagen einige Wandlungen durchgemacht. Er sitzt mir nicht mehr als junger Mann in schwarzer Soutane gegenüber. Ich höre nur mehr seine Stimme. Er enthüllt auch nicht mehr die reine Offenbarung, sondern spricht mittlerweile wie ein Therapeut. Wahrscheinlich ist er tief beeinflußt von meiner psychologischen Lektüre. Immer noch weiß er mehr als ich – als wäre er mir um ein paar Jahre voraus.

»Ich mache mir etwas vor«, antworte ich. «Wenn ich in den Spiegel schaue, sehe ich ein junges Gesicht – das Gesicht eines 18jährigen. In Wirklichkeit bin um mehr als einiges über Vierzig. Aber ich sehe mich nicht als Vierzigjährigen. Es ist, als blende ein psychologischer Filter die Jahre weg. Um so deutlicher sehe ich das Alter an den anderen.«

Der Priester hört mir schweigend zu, und für einen Augenblick schwebe ich in einer Pause, als wären alle Fragen verstummt. Doch dann bricht das Problemgewitter wieder aus.

»Soll ich dir etwas sagen? Seit einiger Zeit habe ich Probleme mit alten Menschen. Manchmal möchte ich mich aufbäumen gegen das Alter, gegen die Zwangsläufigkeit, mit der wir ihm entgegenreisen. Wir sitzen in einem Zug, der uns zu einem Ziel fährt, das sich niemand freiwillig aussuchen würde. Wir können nicht aussteigen. Von einem Alptraum kann ich aufwachen. Vom Leben nicht. Es sei denn, ich bringe mich um. Aber den Freitod als erlösendes Erwachen zu sehen, das will mir nicht gelingen. Ich bin nicht Sokrates.«

Immer noch schweigt der Priester.

»Ich habe früher nie etwas gegen alte Menschen gehabt. Aber wenn ich Senioren in billigen, graubraunen Anoraks sehe mit Plastiktüten in der knöchrigen Hand, überfällt mich manchmal maßlose Wut. Ihre entleerten Gesichter machen mir angst. Ich fürchte mich davor, eines Tages so zu werden wie sie. Es ist der Ausdruck der Resignation, der mich aufregt. Sie kommen mir wie ärmliche Schwächlinge vor, die sich alles wegnehmen ließen — ihre Jugend, ihre Selbständigkeit, ihre Würde, ihre Geschichte, ihre Individualität. Nichts ist ihnen geblieben, weil sie an nichts festgehalten haben. Kein Kampf, keine Empörung, auch kein Aufbäumen. Das ist die schlimmste Armut, die ich mir vorstellen kann. Im graubraunen Anorak dem Tode entgegen. Lieber ein hungernder Bettler als diese Ärmlichkeit.«

»Sehr richtig«, sagt der Priester. »Du läßt dich auf deine Angst ein.«

Schweigen.

»Der Boden, auf dem ich mich bewege, wird dünner«, setze ich meine Klage fort, »und etwas in mir flüstert, unter ihm wäre ein großes, gähnendes Loch, in das ich demnächst hineinfallen werde. Ich fürchte, da ist was dran. Alles, was ich mir in den vergangenen zwanzig Jahren zurechtgebastelt habe, mein Lebenskonzept, meine Sinnentwürfe, meine Selbstrechtfertigung, all das hat sich im täglichen Gebrauch verschlissen.

Ich wußte doch immer, wofür ich arbeite — um

erfolgreich zu sein, mehr Geld zu verdienen, um überhaupt wahrgenommen und beachtet zu werden. Ich habe Erfolg, also bin ich. Das war mein Credo.

Vor allem der Umkehrschluß saß mir im Nakken – wenn ich erfolglos bin, existiere ich nicht.

Meinen Namen in Zeitungen, auf Rundfunkmanuskripten oder Veranstaltungsplakaten gedruckt zu sehen – das war für mich der Beweis, daß es mich gibt. Angerufen zu werden – ›Können Sie für uns einen Artikel schreiben?‹ – Briefe zu bekommen – ›... und würden Sie gern für dieses Projekt gewinnen‹ – das war so, als würden all diese Bittsteller und Auftraggeber mir sagen: ›Wir brauchen dich, ohne dich geht es nicht.‹ Ja, es war wie eine immer wiederkehrende Liebeserklärung, wie eine Transfusion, die mich mit neuem, hellrotem Blut versorgte und unerschöpfliche Energien entfesselte.

Natürlich gibt es da eine Kehrseite. Schon damals fühlte ich mich periodisch bedroht.

Im Neuen Testament steht ein berühmtes Gleichnis. ›Wer diese meine Rede hört‹, sagt Jesus im Matthäusevangelium, ›der gleicht einem klugen Mann, der sein Haus auf Fels baute. Als nun ein Platzregen fiel und die Wasser kamen und die Winde wehten und an das Haus stießen, fiel es doch nicht zusammen; denn es war auf Fels gegründet.‹

Ich wünschte, ich hätte mein Haus auf Fels

gebaut. Ich wünschte, ich besäße diese Klugheit, die Jesus meint. Versteh mich recht — ich spreche nicht vom Glauben, sondern von den Säulen, von den Fundamenten, die mich tragen. Ich spreche von dem, worauf mein Ich- und Selbstbewußtsein ruhen.

Jetzt, in der Mitte meines Lebens, erkenne ich mich wieder in dem törichten Mann. Er baute sein Haus auf Sand. Du weißt, wie die Geschichte im Neuen Testament weitergeht: ›Als nun ein Platzregen fiel und die Wasser kamen und die Winde wehten und an das Haus stießen, da fiel es zusammen, und sein Einsturz war gewaltig.‹

Ich werde dir von meinen Einstürzen erzählen, von den Wassern und Winden, die mich bedrängten.

Du mußt wissen, mein Selbstbewußtsein gleicht einem durchlöcherten Fahrradschlauch. Jeden Tag muß ich es neu aufpumpen, sonst fahre ich auf der blanken Felge.

Manchmal, zwischen zwei Aufträgen, wenn die Tage, an denen niemand mich zu brauchen schien, sich zu Wochen dehnten, braute sich ein bedrohliches Gefühl in mir zusammen. Es war, als würde sich mein punktiertes Selbstbewußtsein verkrümmen, und zwar in die Form eines Fragezeichens.

Wie soll ich nur weiterleben, fragte ich mich. Sie wollen dich nicht mehr. Sie haben dich vergessen. Es geht auch ohne dich. Du bist draußen. Das Leben geht an dir vorüber. Du spielst keine Rolle mehr...

Man hatte mich in die Ecke gestellt und ließ mich dort stehen. Ein bestraftes Kind war ich geworden, das sich für eine Missetat schämt und nicht wagt, aus der Ecke hervorzukriechen.

Was hatte ich nur verbrochen? Ich weiß es: Ich war nicht gut genug, nicht interessant genug, es gab bessere Journalisten, die informierter, aktueller, peppiger waren.

Du wirst älter, flüsterte mir eine böse Stimme zu, und jetzt merken sie, was du unter allen Umständen verbergen wolltest, daß du immer nur gebluft hast, daß hinter deinen Produkten nichts Substantielles steckt. Hochstapler mit Niveau zu sein verlangt mehr Energie, als du sie aufzubringen vermagst. Langsam blättert der Lack ab und gibt das dünne Blech frei, das du gern als Edelstahl verkaufen möchtest. Schon drängeln dich die Jüngeren mit den prallen Oberschenkeln, der flotten Schreibe und den unbändigen Energien an den Rand. Dein kleiner Stern beginnt zu sinken.

Und so sank ich hinab in eine trübe Seelenzone, in eine Unterwelt, in der ich nur als Schatten, gleichsam auf Halbstrom existierte und richtungslos vor mich hin grübelte. Nachts träumte ich grau in grau, nicht in Farbe, wie sonst. Keine Träume, denen ich, wie sonst, noch nachhing, um ihr besonderes Aroma, ihre fragile Phantastik so lange wie möglich festzuhalten.

Manchmal, wenn ich aufwachte und die Augen aufschlug, schien es mir für ein paar schwerelose Sekunden, als könne an diesem Tag etwas Neues beginnen. Noch nichts war entschieden, alles war in der Schwebe. Morgenluft, Hoffnung, eine Taube flattert am Fenster vorbei, die weißen Vorhänge wehen; du sagst dir: Heute wird es anders. Und schon brichst du ein bei diesem Gedanken, spürst den Sog von unten, von oben den Druck, der den Atem einengt und die Quellen deiner Lebensfreude verstopft. So beginnt der Tag.

Über nichts konnte ich mich freuen, über nichts mich ärgern. Nichts erreichte meine vermummte Gefühlswelt. Menschen wurden mir gleichgültig. Ich spulte mein Leben nur noch ab, funktionierte ohne innere Beteiligung.

Niemand schien mir anzumerken, in welche Grube ich gefallen war. Wie hätten sie es auch sehen können? Ich tat ja alles, um die Wahrheit zu verbergen. Der Außenwelt zeigte ich ein freundliches Gesicht, ein Vollmondgesicht, dessen breites, rundes Lächeln die dunkle Landschaft auf der Rückseite verbarg. So brachte ich mich erst recht um die Möglichkeit, aufzusteigen aus dem matten Nebelland, dessen Gefangener ich war.

Manchmal stieg schwarzer Zorn hoch und rüttelte mich durcheinander. Aber bald zerflatterte er wie ein aufgeschreckter Vogelschwarm, und

ohnmächtig fiel ich zurück in mein graues Gefängnis.

In meiner Qual besann ich mich auf den Glauben. Ich stellte mir das zermarterte Christus-
haupt vor und nahm in meiner Phantasie die
Rolle des leidenden Christus, dann wieder die
eines mitleidigen Betrachters ein. Aber so sehr
ich mich auch in Wolken des Selbstmitleids
hüllte, die Ruhe des Trostes fand ich nicht.

Satzfetzen aus den Psalmen jagten mir durch
den Kopf: ›Schau zur Rechten und sieh: Da will
mich keiner kennen. Ich kann nicht entfliehen,
niemand nimmt sich meiner an... Meine Tage
sind dahin wie ein Schatten, und ich verdorre
wie Gras... Ich bin wie die Eule in der Einöde,
wie das Käuzchen in den Trümmern. Ich wache
und klage wie ein einsamer Vogel auf dem Dach.‹

Wenn sich mein Selbstmitleid bis in die Finger-
spitzen ausgebreitet hatte, ohne zu wirken, fing
ich an zu beten, hoffend, mit inbrünstiger Fröm-
migkeit die Krise zu überwinden. Gott sieht auf
die Person, nicht auf die Leistung, versuchte ich
mich zu trösten.

›Sei uns gnädig, Herr, sei uns gnädig, denn all-
zusehr litten wir Verachtung‹, betete ich mit dem
Psalm. ›Allzusehr litt unsere Seele den Spott der
Stolzen und die Verachtung der Hoffärtigen.‹

Noch während ich diese Worte sprach, wußte
ich, daß der Spott der Stolzen mein eigener war
und daß die Verachtung der Hoffärtigen aus mei-

nem Inneren aufstieg. Denn dort saßen sie, die mich antrieben und geißelten und bestraften, die selbsterzeugten Richter, die mich kontrollierten, zensierten und auf Trab hielten.

›Woher kommt mir Hilfe?‹ fragte ich verzweifelt, flehend, eine Instanz außerhalb meiner selbst möge mich aus dem Zangengriff meines unbarmherzigen Über-Ich befreien.

›Deine Hilfe kommt vom Herrn, der Himmel und Erde gemacht hat‹, antwortete der Psalm.

›Ja‹, rief es in mir mit oratorienhafter Wucht, ›das will ich glauben und ein Ende machen mit allen Zweifeln. Ab heute werde ich wieder an Gott glauben.‹

Doch ein nüchternes Etwas in mir, das mich unberührt beobachtete, wußte, daß meine Hilfe nicht von Gott, sondern nur von einem Redakteur kommen würde, der mich bat: ›Wir geben eine neue Reihe heraus und würden uns freuen, wenn Sie den ersten Beitrag schreiben würden.‹

Nein, es war sinnlos, Gott um Hilfe anzurufen, wenn ich in Wirklichkeit nur auf den Anruf eines Redakteurs wartete, auf eine Stimme, die mir die wahre, einzige und wunderbarste Liebeserklärung ins Ohr flüstert: ›Wir wollen dich, wir brauchen dich, wir zahlen gut.‹

Sie riefen an. Immer wieder.

Kann ein Ohr hungrig sein, kann es Nahrung einschlürfen? Ich schwöre dir, mein Ohr schlürfte diese Himmelsbotschaften ein wie

Manna. Und immer dann geschah das Wunder. Mit einem Satz sprang ich aus meinem Rollstuhl, zertrümmerte die Gefängniswände, hob mich mit mächtigen Flügelschlägen aus der Unterwelt empor und machte mich an die Arbeit. Ich schrieb und schrieb, am frühen Morgen, des Nachts, am Wochenende, in der Badewanne, auf dem Balkon, im Bett. Bis zur nächsten Flaute...«

Der Priester blickt mich interessiert an. Keine Spur von Mitleid, und das ermutigt mich, fortzufahren.

»Damals war ich bereit, alles herzugeben, um zu beweisen, daß meine Existenz gerechtfertigt ist. Alles. Auch Geld. Die teuerste Zeit meines Lebens begann. Ich trage noch heute an den Folgekosten. Das kam so:

Ich wollte die leeren, matten Tage nicht länger als Invalide verbringen. Ich wollte mein Wohlbefinden nicht länger von der Gunst irgendwelcher Redakteure abhängig machen. Als ich eines Abends auf der Couch lag, einer dämmerigen, auftragslosen Phase ausgeliefert, müde vom Elend grandioser Höhenflüge, die unweigerlich zum Absturz führten, verzweifelt einen Ausweg suchend, erschien plötzlich eine großartige Vision vor meinen Augen.

Auf einem goldenen und erhabenen Thron sah ich stehen eine riesige, gigantisch starke Küchenmaschine mit muskulösem Knetarm. Die Luft bebte von der schieren Kraft, die in ihr schlummerte. Und ich hörte eine Stimme, die sprach: ›Wer will unser Diener sein?‹ Da sprach ich zu ihr: ›Weh mir, ich bin zu klein und zu schwach, um dir zu dienen.‹ Da antwortete die Stimme: ›Ich habe dich auserwählt. Zieh eine Konditorstracht an!‹ Ich tat, wie mir geheißen ward, kleidete mich in ein Konditorsgewand und schüttete Unmengen von Mehl, Eiern, Butter und Zucker in die große Schüssel.

Sogleich setzte sich der Knetarm mit titanischer Energie in Bewegung und verrührte die Zutaten zu einem duftenden Teig. Erstaunt blickte ich über den Schüsselrand, und siehe, aus der Schüssel quoll ein herrlicher Kuchen, den ich sogleich an Freunde, Nachbarn, Kollegen, vor allem aber an jene Redakteure verteilte, die zur Zeit zögerten, mich mit Aufträgen zu beehren. Sie alle aßen, verdrehten die Augen und stöhnten vor Entzücken.

Ein Dankesruf entrang sich meiner aufgewühlten Brust. Wer immer mir diese Vision geschenkt hatte, ob Gott, Kosmos, Atman oder der große Buddha, er sollte hören, daß ich mich fühlte wie ein ausgedorrter Acker, wenn der Sommerregen fällt. Endlich schien sich das schwere Gefängnistor zu öffnen, endlich fiel Licht in meine Schattenwelt.

Am nächsten Morgen eilte ich in ein Großhandelsgeschäft und erwarb eine gewaltige Küchenmaschine, deren Leistungsvermögen auf den Bedarf einer mittelgroßen Bäckerei zugeschnitten war. Sie sollte meine leeren Tage mit Kuchenglück und emsiger Knetarbeit ausfüllen. Ihr kräftiger Motor würde mich herausreißen aus den traurigen Fluren des Nebellandes und meine Sinnkrise in Sinnengenüsse verwandeln. Ernährer wollte ich sein, mehr noch, Conditor im eigentlichen Sinn des Wortes, wie er mir aus dem Lateinunterricht in Erinnerung war, nämlich Stifter, Urheber und Schöpfer – der herrlichsten Bäckereien und Mehlspeisen. Eine neue Lebensphase würde beginnen. Geben und schenken können, sich verströmen, für andere sorgen, nie wieder hilflos und gelähmt an die Couch gefesselt sein – auf diese Weise würde ich fortan meine freie Zeit ausfüllen und ihren Ertrag der Mitwelt widmen.

Hochmotiviert wie ich war, lernte ich in kürzester Zeit, was vielen Frauen in ihrem ganzen Leben nicht gelingt: wie man einen Hefeteig zubereitet. Bald galt ich als der beste Amateurbäcker weit und breit. Die Nachbarinnen rechts und links zogen mich in ihr Vertrauen und beichteten, daß ihr Hefeteig, wenn überhaupt, nur schwächlich aufging und auch dann viel zu hart wurde.

›Aber wie ist das möglich?‹ fragte ich scheinheilig. ›Stellen Sie die Schüssel etwa an einen kalten, zugigen Ort? Oder stimmt Ihr Rezept nicht?‹

Plötzlich respektierten sie mich, ja mir schien, sie fürchteten sich sogar vor mir.

Ich darf vermuten, daß du dich noch nie an einem Hefeteig versucht hast?«

Der Priester schüttelte den Kopf.

»Das Wunderbare am Hefeteig«, fuhr ich fort, »ist seine zeitgeraffte Nachahmung der Schwangerschaft. Du knetest ein kleines Kügelein, legst es in eine Schüssel und bedeckst es mit einem Tuch. Nun wächst es unter dem Tuch, als würde ein Kindlein in der Schüssel entstehen. Immer höher und runder wölbt sich die Teigkugel, bis sie mehr als den doppelten Umfang gewonnen hat.

Jedesmal, wenn ich mein Kügelein in die Schüssel legte und das Tuch darüber breitete, fühlte ich mich wie eine Mutter, die ihr Baby liebevoll bettet und dafür sorgt, daß es warm und ruhig schlafen kann. Während es schläft, wächst das Baby und nimmt zu an Größe und Stärke.

Muß ich es betonen? Ich war glücklich wie lange nicht mehr. Im Überschwang meiner Bäckersarbeit stürzte ich mich alsbald in neue Unkosten und schaffte einen Backofen an, der den Anforderungen eines mittleren Restaurants genügte und eine dementsprechende Breite aufwies.

So wurde das Haus zu einem Ort überquellender Fruchtbarkeit. Im Keller stapelten sich Mehltüten, Hefe- und Zuckervorräte, der Eisschrank war vollgestopft mit Eiern, Rezeptbücher und Backanleitungen füllten die Bücherborde, die Küche bestand zu zwei Dritteln aus dem Backofen und der Knetmaschine.

Sobald ich vom Büro nach Hause kam, streifte ich mir meine Konditorstracht über, wog Mehl ab, schlug Eier auf, rührte die Hefe an, setzte die Maschine in Bewegung, ließ ihren athletischen Arm kneten, bis der Duft des geschmeidigen, glänzenden Teiges das ganze Haus erfüllte. Ein herrlicher Kuchen nach dem anderen entstand.

Doch wieder hatte ich mein Haus auf Sand gebaut. Das bekam ich bald zu spüren. Nach einiger Zeit machte sich ein peinlicher Mangel an Abnehmern bemerkbar. Die Wahrheit ist, ich selber mache mir nichts aus Kuchen. Meine Frau weigerte sich, die Unmengen zu essen, die ich ihr liebevoll servierte. Meine Kollegen, gesundheitsbewußte Intellektuelle, achten akribisch auf ihr Gewicht und die schlanke Linie. Die Nachbarinnen, ohnehin schon gedemütigt, wollten pro Woche nur ein oder zwei Scheiben annehmen.

Bald war der Tiefkühlschrank mit Backwerk aller Art bis an den Rand gefüllt, vertrocknete Restkuchen standen in Schränken, auf Tischen oder Kellerregalen herum. Aber es war zu spät, ja unmöglich, jetzt aufzuhören. Zu viel sprach dagegen. Hätte ich die teuren Vorräte verrotten lassen, meine mühsam erworbene Expertise dem Vergessen anheimgeben sollen? Das wäre mehr als leichtfertig gewesen. Handelte es sich doch nicht um eine Freizeitbeschäftigung, sondern um eine Berufung.

Das Echo der Stimme, die mich in meiner Vision beauftragt hatte, schien bis in meinen Alltag nachzuhallen. Aber was in der beglückenden Vision so hell und befreiend geklungen hatte, nahm nun eine heimtückische Färbung an. Jeden Tag riß der Backofen sein gieriges Breitmaul auf, um gefüttert zu werden. Mit einem Kuchen pro Tag gab er sich nicht zufrieden. Er wollte produzieren, ausstoßen und rentabel arbeiten. Wofür hast du so viel Geld in dieses Monstrum investiert, fragte ich mich, wenn du nur einen Kuchen pro Tag bäckst? Und mein ökologisches Gewissen sagte mir, es wäre verantwortungslos, den stromverschlingenden Koloß wegen einer solch kleinen Menge anzuwerfen.

Jeden Tag starrte ich in den leeren Schlund meiner zahllosen Backformen, als würde ich in ihnen meine eigene Leere erkennen. ›Benutze uns!‹ schienen sie mir mit weiß- und schwarzblechener Stimme zuzurufen. Hätte ich mein Herz vor diesem Appell verschließen sollen? Wollten sie nicht, wie ich, eine erfüllte Existenz führen, statt wie überflüssige Requisiten behandelt zu werden?

Jeden Tag blickte mich die unbeschäftigte Küchenmaschine vorwurfsvoll an, als hätte ich sie dem Schicksal der Arbeitslosigkeit ausgeliefert und in jenes Nebelland exiliert, dem ich mit ihrer Hilfe entkommen war. Kleine Mengen herzustellen erlaubte ihr Riesenformat nicht. Erst ab einem Kilo Mehl fing der lange Knetarm an zu greifen.

Wie hätte ich also aufhören sollen?

Es gab nur eine Möglichkeit, der Überproduktion Einhalt zu gebieten, ohne in Untätigkeit zurückzufallen: eine neue, kleine Küchenmaschine, ausgelegt für die deutsche Normfamilie, sekundiert von einem kleinen Backofen, ebenfalls für die deutsche Normfamilie konstruiert.

Ich will dir nicht im einzelnen schildern, wie es nach dem Erwerb der kleinen Küchenmaschine, die ich immer noch besitze, zu einer dritten kam, die groß zu nennen einer Untertreibung gleichkäme. Ersparen will ich dir auch die Schilderung der Umstände, wie ich das Backen allmählich aufgab und in die Wurstproduktion überwechselte, was zur Folge hatte, daß ein kraftstrotzender Fleischwolf der Marke ›Gigant‹ mit zwei Vorwärtsgängen und einem Rückwärtsgang in unsere Küche Einzug hielt.

Der finanzielle Aufwand dieser Befreiungsversuche löste mittlerweile Schwindelanfälle in mir aus. Aber nicht darin liegt das, was im neutestamentlichen Gleichnis, das ich vorhin erwähnte, ›töricht‹ genannt wird. Töricht war vielmehr, daß ich, ohne es zu merken, schon wieder wie ein Blinder in die Falle gelaufen und meinem bisherigen Lebensmotto auf den Leim gegangen war: Daseinsbehauptung durch Leistung. Ich erinnere mich gut an jenen Tag, als ich zu einer unge-

37

heuren Wurstorgie ansetzen wollte, wohl wissend, daß es fast unmöglich sein würde, neue Abnehmer zu finden. Denn du mußt wissen, ich selber mache mir nichts aus Wurst, und meine Frau weigerte sich, abends nur Brühwurst, morgens nur Rohwurst und mittags nur Kochwurst zu verzehren.

Ich zog die Schürze an und holte ein Rezept aus dem Schrank, als meine Augen über den glitzernden Maschinenpark streiften. Zärtlich wollte ich ihre metallene Haut streicheln, als mein Blick sich auf wundersame Weise auszuweiten und hellsichtig zu werden begann.

Wie ungleiche Brüder standen sie nebeneinander und scharrten gleichsam mit den Hufen, um ihre herkulische Kraft in Bewegung zu setzen, um Mehl, Fleisch, Eier, Innereien und Gewürze zu zerstampfen und zerkleinern, zu verkneten und zu verrühren. Nachdenklich betrachtete ich sie, als aus der Tiefe des Augenblicks oder vielleicht sogar aus wohlgesonnenen Höhen ein wohlbekannter Satz mir entgegenschwebte und die Pforte zu einer tieferen Erkenntnis öffnete: ›Das bist du.‹

Die mystische Formel des alten Indien, anders als die biblischen Gebote zu nichts auffordernd, und doch von verbindender Kraft, eine Losung, die der Erkenntnis jene milde Prise von Mitleid beimischt, ohne die Güte nie entstehen könnte — wie eine aus feinstofflichem Gewebe

geflochtene Brücke verband sie mich mit meinen Maschinen und lud mich ein, herauszutre-
ten aus dem Gravitationsfeld meines Ich und
mich gefangennehmen zu lassen von der Aura
des Gegenüber — und das waren in diesem gehei-
ligten Moment keine Menschen, sondern meine
Maschinen.

O die schmerzliche Wonne des Verschmelzens,
der Ich-Auflösung, die der Annäherung folgte.
An jenem Tag, in der Küche, nicht im Tempel, in
meiner profanen Fleischerschürze, nicht in
einem priesterlichen Gewand, fühlte ich mich
den Mystikern aller Kulturen nahe. Zwar kann
ich nicht behaupten, daß mir eine unauslösch-
liche, verwandelnde Gotteserfahrung zuteil
wurde. Auch der selige Schauer, das zitternd erfüllte Empfinden, mich als innerste Nabe des
Kosmos, als Ursprungsort des großen Atems zu
empfinden, der alles Lebendige beseelt — auch
dieses Geschenk wurde mir nicht gewährt.

Doch durfte ich mich, statt an den großen
Scheinen mystischer Beglückung, an der kleinen
Münze ichüberschreitender Selbsterkenntnis er-
freuen: Ich war der Fleischwolf, ich war die Küchenmaschine, ich war der mächtige Knetarm
und das blitzende Flügelmesser. Ihre Kraft, ihre
Arbeitslust, ihre Ausdauer — das war meine
Kraft, meine Arbeitslust, meine Ausdauer. Sie
anzublicken, in Gang zu setzen, ihre Energien
mit einem Knopfdruck zu entfesseln, das ver-

scheuchte alle Ängste und Zweifel, die mich periodisch überfielen – schwach, ohnmächtig, klein, unfähig, überflüssig zu sein. Und umgekehrt: mein Leiden, meine Malaise, meine Verzweiflung – das war ihr Leiden, ihre Malaise, ihre Verzweiflung. Ich wollte sie vor meinem Schicksal bewahren: warten zu müssen, so wie ich tage- und wochenlang auf den Anruf eines wohlgesonnenen Redakteurs wartete, um zu beweisen, welche Talente und Kräfte in mir schlummerten; wollte sie bewahren vor dem Schmerz, nicht gebraucht zu werden, nicht gewollt zu sein, im Bewußtsein brodelnder Energien tatenlos ruhen zu müssen, weil es keine Abnehmer gab, die uns Tag für Tag zuraunten: ›Wir wollen dich, wir brauchen dich, ohne dich geht es nicht.‹

An jenem Tag wußte ich, daß ein langes Kapitel meines Lebens an sein Ende gekommen war. Als die mystische Woge, die mich in die Höhen erleuchteter Erkenntnis getragen hatte, abebbte und mein hellsichtig gewordener Blick sich wieder in die Normalität zurückverengte, kam melancholische Abschiedsstimmung auf. Meine geliebten Maschinen sahen mit einemmal ernüchternd technisch aus. Von einem Augenblick zum nächsten war ihnen die Personalität abhanden gekommen, mit der ich sie ausgestattet hatte. Aus Freunden und Komplizen waren normale Geräte geworden.

›Wieviel Platz sie einnehmen‹, dachte ich, ›wieviel Strom sie verschlingen, wieviel Kapital sie binden. Ich werde sie verkaufen.‹

Als hätten sie meine Gedanken gelesen, kehrte ihr Leben für einen kurzen Augenblick zurück, und sie schienen sich aufzubäumen gegen die plötzliche Entschlossenheit, mit der sie abgeschoben werden sollten. ›Du Untreuer‹, quoll es verquält aus der großen Schüssel, und das breite Maul des Backofens verzog sich zur wütenden Fratze.

Aber das dauerte nur den Bruchteil einer Sekunde. Adieu, ihr Weggefährten hemmungsloser Produktivität. Ich habe euch geliebt, und ich danke euch für die Genüsse, die ihr mir geschenkt habt! Nun war ich allein mit mir selbst — ein mittelalterlicher, ernüchterter Mann, ohne den Trost und die Hilfe seiner Maschinen, ein Ratloser auf dünnem Eis, dem der Weg zurück versperrt ist und der nicht weiß, wohin er seinen vorsichtigen Schritt nun lenken soll.«

Ich holte tief Luft und starrte mit verdunkeltem Blick in den Horizont.

»Und jetzt?« fragt der Priester.

»Eine leere Müdigkeit breitet sich aus. Eins weiß ich: Ich möchte nicht mehr jeden Tag um mein Leben rennen. Ich möchte aus der Schar der Marathonläufer ausscheren und mich an den Straßenrand setzen, um Luft zu holen. Vielleicht ist es ja viel schöner, einfach sitzen zu bleiben, die Blumen anzuschauen, den Vogelgesang zu hören, meine geschwollenen Füße zu bemitleiden und zu Sinnen zu kommen.«

»Und? Glaubst du wirklich, daß es schöner sein wird?« fragt der Priester.

»Ich glaube, wenn ich mich hinsetze, um Atem zu holen, werde ich mitsamt dem Vogelgesang und den schönen Blumen in ein tiefes, tiefes Loch fallen. Die Leere nagt an mir, als wolle sie mich langsam auffressen. Ich weiß nicht mehr, wie ich sie zurückdrängen kann. Auch der Wunsch nach Anerkennung, der mich immer nach vorne gerissen hat, versinkt in die Tiefe des Trichters, unter dem die Leere sitzt und saugt. Was ist schon Erfolg? frage ich mich. Wenn andere Menschen, die ich nicht kenne und nicht sehe, wissen, wer ich bin. Erfolg reizt und sättigt mich nicht mehr.

Es gab eine Zeit, da wollte ich jeden Tag Spaghetti essen. Du glaubst gar nicht, wie dieser Hunger mein Leben bereicherte. Schon eine halbe Stunde nach dem Frühstück gierte ich aufs Mittagessen. Jeder Tag war so erfüllt vom Hunger, dem Essen und dem anschließenden Nachklang, daß ich nie darauf gekommen wäre, über den Sinn meines Lebens nachzudenken. Eines Tages verschwand diese Leidenschaft. Wochenlang trauerte ich ihr nach.

Aber jetzt geht's nicht mehr um Spaghetti, sondern um meine Existenz. Ich weiß einfach nicht mehr, wofür ich überhaupt noch arbeite, wofür ich mich anstrenge, wofür ich jeden Tag ins Büro renne. Nur, um mir Spaghetti kaufen zu können, die mir ohnehin langweilig geworden sind? Wofür setze ich meine Kräfte ein, wofür verausgabe ich meine Energie? Nur um meine Rente zu verdienen? Oder die Zeit herumzubringen? Die Wahrheit ist, daß ich vor der Zukunft Angst habe.

Sag mir was dazu, Priester, denn ich brauche nicht nur jemanden, der mir zuhört. Ich brauche eine Perspektive.«

Doch der Priester schwieg.

An diesem Abend setzte ich mich an den Küchentisch. Vor mir lag ein leeres Blatt Papier. Wenn mich der Priester verläßt, dachte ich, werde ich mir selber Trost spenden. Ich schrieb:

»Der Priester spricht: Warum hast du Angst? Weil du am Ende eines Lebensabschnitts stehst und eine verschlossene Tür vor dir siehst. Du fühlst dich gefangen. Kein Ausweg scheint sich zu öffnen.«

Ich blickte auf die stummen Küchenmaschinen, die noch gestern meine Freunde gewesen waren, stand auf und öffnete den Backofen, um das Aroma unzähliger Hefekuchen einzuatmen. Dann setzte ich mich und schrieb weiter:

»Der Priester spricht: Angst kommt von Enge. Du kannst nicht vorwärts, denn der Weg dorthin ist dir noch versperrt. Am liebsten würdest du zurückgehen, auf Vertrautes zurückgreifen, weitermachen wie bisher, als wäre nichts geschehen. Auch das wird dir nicht gelingen. Denn die Reise geht immer weiter nach vorne, einem Unbekannten entgegen.«

Wieder stand ich auf, stieg die Kellertreppe hinunter und ließ meinen Blick über die Mehlvorräte, die Zuckertüten und die zahllosen Backformen gleiten, die säuberlich ineinandergestapelt waren. Dann stieg ich die Treppe hoch, setzte mich und schrieb weiter:

»Der Priester spricht: Die Angst, die dich jetzt überfällt, ist Todesangst. Du spürst, daß etwas in dir zu Ende geht und sterben muß. Verzweifelt bäumst du dich dagegen auf und willst auf symbolische Weise gebären. Kuchen, Würste, Hefeteig – ein ganzes Heer von Kindern, die aus dem Mutterleib deiner technischen Apparaturen ans Licht der Welt drängen. Das Zauberwort, mit dem du dich befreien möchtest, heißt Schwangerschaft. Aber du bist ein Mann, keine Frau. Nie wirst du einem Kind Leben schenken können.

Und jetzt hör mir zu. Ich bin auf der anderen Seite der Tür und warte auf dich. Auch du wirst auf die andere Seite kommen. Sterben heißt, eine Tür zu öffnen. Immer, wenn Gott eine Tür schließt, öffnet er eine andere.

Es gibt einen Schlüssel, der die Tür öffnet. Der Schlüssel liegt in dir. Du mußt ihn suchen. Das kann keiner dir abnehmen.

Willst du wissen, was dich erwartet, wenn du

den Schlüssel gefunden hast? Du hast die Chance, kleinliche Eitelkeiten und Konkurrenz-kämpfe, deine selbstverliebte Gockelei, deine Selbstdarstellung zu überwinden. Das wolltest du doch schon seit langem, nicht wahr? Jetzt stehst du kurz davor. Du fühlst dich nicht mehr von der Tiefe des Unterleibs genötigt, jeder Frau hinterherzubalzen.

Du brauchst nicht jedem Konkurrenten zu be-weisen, daß du potenter bist.

Ganz neue Möglichkeiten tun sich dir auf. Du kannst angstfreier werden, und das heißt gelas-sener, zu neuer Nähe und Intimität fähig, die dem anderen um so näher ist, je weniger sie von ihm will. Du wirst erleben, daß sich die anderen dir mehr öffnen, denn was Menschen suchen, ist interesselose, wohlwollende Zuwendung. Dir bie-tet sich die Chance, ein Freund zu werden – ein Freund nicht nur von Männern, sondern auch von Frauen.

Du kannst dich den Jüngeren gegenüber väter-lich zeigen, ihnen das geben, wonach sie suchen, zwanglose Autorität.

Du kannst deinen Eltern gegenüber die abhän-gige Rolle des Kindes aufgeben und das alte Ge-flecht von Anklage und Verteidigung zerreißen.

Also: laß dich auf deine Angst ein. Sie ist der Anfang deiner Suche.«

Ich stand auf und las alles noch einmal durch. Sehr psychologisch kam es mir vor. So amerikanisch positiv, als wäre es ein Abschnitt aus einem gediegenen Beratungsbuch für verunsicherte Männer. Normalerweise verwende ich diese Art von religiös-therapeutischer Sprache nicht. Immerhin, die feierlichen, erbaulichen Worte versetzten mich in eine entspannte Abendstimmung. Aus der Tiefkühltruhe holte ich ein gefrorenes Stück Pflaumenkuchen, taute es in der Mikrowelle auf und aß es so andächtig, als wäre ich beim Abendmahl. Mochte die Tür für immer hinter meiner Vergangenheit zugeschlagen sein – was blieb, war immerhin noch die randvoll gefüllte Truhe. Das wenigstens war nicht umsonst gewesen.

Junges Ich im alten Körper
Warum werden wir älter als 40?

Altern als Mann. Was bedeutet das eigentlich? Mit ist mein Älterwerden über eine körperliche Erfahrung bewußt geworden. Also legt sich der Wunsch nahe, Altern zunächst und zuallererst als ein physisches, biologisches Phänomen zu betrachten. Fragen wir also die Biologie, was sie uns übers Älterwerden zu sagen hat.

Da hören wir zunächst eine willkommene Botschaft. Der Übergang in das sogenannte Senium, zu deutsch: das Greisenalter, ist gleitend und von Individuum zu Individuum, aber auch von Organsystem zu Organsystem verschieden. Man kann also einen jungen Kopf haben und gleichzeitig eine alte Leber. In diesem Übergang befindet man sich biologisch gesehen bereits von der Pubertät an.

Die Altersforscher sagen uns: Es besteht keine eindeutige Übereinstimmung zwischen dem physiologischen und dem kalendarischen Alter. Es gibt also, biologisch gesehen, junge und alte Dreißigjährige, eine Tatsache, die jedem Alternden Hoffnung macht und ihn sofort nach älteren Gleichjährigen ausschauen läßt.

Die Alterssymptome manifestieren sich auf die verschiedenste Weise. Der Blutdruck nimmt zu, weil die Arterien an Elastizität verlieren. Das Material wird schlechter. Die Leistung der Lungen geht zurück, genauer gesagt, die Luftmenge, die nach maximalem Einatmen ausgeatmet werden kann, sinkt vom 40. Lebensjahr an von ihrem Normalwert fast linear bis zum 70. Lebensjahr um durchschnittlich 40%. Die Knochen werden hohler. Man schrumpft zusammen. Ein 30jähriger mit 1,75 m Körperhöhe läuft in 30 Jahren um drei Zentimeter ein.

Die Leistungsfähigkeit der Keimdrüsen läßt allmählich nach, Potenzprobleme stellen sich ein. Das Gedächtnis wird schwächer, die Sehkraft läßt nach, der Gehörapparat wird schwächer. Dagegen läßt sich nur wenig machen.

Die Altersforscher haben sich seit geraumer Zeit mit den Biologen verbündet, um die tieferen Ursachen des Alterns zu erkunden.[2] Bislang haben sie lediglich eine gesicherte Erkenntnis zu präsentieren:

Es gibt offenkundig eine maximale Lebensspanne des Menschen. Noch nie hat ein Mensch erwiesenermaßen länger als 120 Jahre gelebt. Alle vermeintlichen höheren Rekorde hielten der Überprüfung nicht stand. So entpuppte sich der angeblich 152jährige Engländer Thomas Parr, der 1648 feierlich im Westminster Abbey bestattet wurde, als 70jähriger Schwindler.

Der Zahnarzt Charlie Smith, mit 133 Jahren lange Rekordhalter im Guinness-Buch der Rekorde, starb laut einer später gefundenen Heiratsurkunde im Alter von 104 Jahren. Auch in den geographischen Hochburgen der Hochbetagten fanden sich keine Dokumente, die einem der Einwohner zweifelsfrei ein Alter jenseits der 120 bestätigten — weder in Vilcabamba in Ecuador, noch in Abkhazian im Südkaukasus, noch in der Himalajaregion Pakistans.

Die moderne Biologie wandte sich zu Beginn dieses Jahrhunderts dem kleinsten eigenständigen Baustein unseres Körpers zu, der Zelle. Viele Wissenschaftler glaubten, die Zelle als Einzellebewesen sei unsterblich. Sterben müsse sie nur im alten, hinfälligen Körper. Man bräuchte ihr lediglich die Freiheit des Einzellers zurückzugeben, um sie mit dem Geschenk der Unsterblichkeit zu beglücken.

Der Mediziner und spätere Nobelpreisträger Alexis Carrel errichtete 1921 in Paris ein steriles Zellkulturlabor. In einer Brühe aus Rindsbouillon züchteten er und seine schwarzgekleideten Assistenten Bindegewebszellen aus einem Hühnerherzen. Aus dem wissenschaftlichen Suppentopf tönte bald die pseudoreligiöse Botschaft: Es sei gelungen, die endlose Vermehrung der Zellen in Gang zu setzen.

Rund vierzig Jahre lang hielt die Behauptung. Bis der amerikanische Gerontologe Leonard Hayflick 1961 die frohe Botschaft von der Unsterblichkeit der Zelle widerlegte.

Hayflick wies nach, daß sich Hühnerzellen keineswegs unendlich, sondern höchstens dreißigmal teilen können.

Aber woher wissen die Zellen, daß sie sich nur dreißigmal teilen dürfen? Woher empfangen sie den Befehl, den Verdoppelungsimpuls zurückzunehmen und einzugehen?

Von den Genen, sagt eine große Gruppe von Wissenschaftlern. Gibt es also ein Altersgen? Und wenn ja, läßt es sich gentechnisch manipulieren?

Den Wissenschaftlern geht es mit dem Altersgen wie den Theologen mit Gott. Anzeichen, Spuren, Hinweise finden sich zuhauf. Aber man hat nichts Eindeutiges vorzuweisen.

Ein Schlauchpilz des sonoren Namens *Podospora anserina*, der sein auf 25 Tage begrenztes Leben gern auf Kuhfladen fristet, diente den Wissenschaftlern als Fingerzeig: Per Zufall entdeckte ein deutscher Biologe eine Mutante, die sich weigerte zu sterben. Seit 15 Jahren lebt sie todestrotzend im Labor. In ihren Zellen fehlt ein ringförmiges DNA-Stück, ein sogenannter »Ring des Alterns«.

Auch die berühmte Fruchtfliege *Drosophila* dient den Wissenschaftlern in ihrer Suche nach dem verborgenen Altersgen. Der amerikanische Biologe Michael Rose hat ungewöhnlich langlebige Fruchtfliegen herangezüchtet, die angeblich nicht nur besser fliegen, sondern agiler und streßresistenter sind. Auch in diesem Fall scheint ein Altersgen die Lebensspanne zu verlängern.

Im Menschen hingegen ist noch kein Altersgen entdeckt worden – was angesichts des Unterschieds zwischen einer Fruchtfliege und dem homo sapiens nicht überrascht. Über hundert Gene, so vermuten einige Gerontologen, seien verantwortlich für unser Altern.

Dennoch verliert die Frage nicht an Reiz, ob sich mit Hilfe der modernen Wissenschaft der Alterungsprozeß beeinflussen läßt. Die Antwort der Gerontologen lautet: Jein.

Genetisch festgelegt ist einzig und allein unsere maximale Lebensspanne von 120. Die Art und Weise, *wie* wir altern, gehorcht keineswegs einem Programm. Das Dilemma liegt auf der Hand: Was hülfe es dem Menschen, wenn er zweihundert Jahre lebte und dennoch früh alterte? Träume vom altersfreien Leben zielen bekanntlich auf ewige Jugend, nicht auf langes Leben.

Die Altersforscher, sagt der Gerontologe Leonard Hayflick, haben lange versucht, die falsche Frage zu beantworten, nämlich: Warum leben wir nicht ewig? Die entscheidende Frage, das viel größere Rätsel ist jedoch, warum werden wir überhaupt älter als vierzig? Mit vierzig sollte der Mensch die Aufgabe erfüllt haben, sich fortzupflanzen und seine Nachkommen großzuziehen. Das gilt für Männer und für Frauen, für Väter und für Mütter.

Vierzig scheint eine magische Grenze zu sein.

Unser Altern, sagt Hayflick, ist eher ein zufälliger Prozeß, fast ein Versehen der Schöpfung. Seine These: Damit wir uns garantiert fortpflanzen können, haben die Kräfte der Evolution nahezu alle unsere Organe mit einer beachtlichen Sicherheitsreserve, einer Überkapazität ausgestattet. Diese Reserve zehren wir im Alter langsam auf.

Oder, um es in einem technischen Bild zu verdeutlichen: Unser Organismus ist wie eine Raumsonde, die einen bestimmten Planeten passieren soll. Hat sie ihre Mission erfüllt, fliegt die Sonde weiter, bis Defekte an ihren Einzelteilen sie allmählich funktionsuntüchtig machen. Mit anderen Worten: Evolutionsbiologisch gesehen, sind wir ab 40 überflüssig. Das korrespondiert auf seltsame Weise mit dem Lebensgefühl vieler Männer, deren Midlife-Krise ab 40 auftritt, mit jener plötzlichen Bewußtwerdung, daß das Alter nichts Fernes, sondern etwas Nahes ist, jener inneren Erschütterung, die die bisherigen Lebenswerte, -konzepte und -ziele durcheinanderrüttelt.

Natürlich sind wissenschaftliche Aussagen relativ, und es mag sein, daß in 20, 30 Jahren andere Ergebnisse auf dem Tisch liegen. Vielleicht sind ja die Gerontologen, die zu diesem Ergebnis kamen, selber krisengeschüttelte Amerikaner um die 40, die ihre existentielle Verunsicherung durch eine Überproduktion intelligenter Thesen kompensieren. Und ob ich für die Evolution wichtig bin oder nicht, kann mich nicht kümmern. Wer oder was ist schon die Evolution? Eine Arbeitshypothese, weiter nichts.

Dennoch: Die Formel: ab 40 bist du biologisch überflüssig, trifft zumindest eine latente Angst, die Angst nämlich, sozial oder beruflich überflüssig zu werden. Sozial und beruflich überflüssig zu sein ist nur eine Umschreibung dessen, was bei uns alt sein heißt. Nicht mehr gefragt werden: Haben Sie Lust, für *uns* zu arbeiten? Nicht mehr gesehen, nicht wahrgenommen zu werden. Nicht mehr zu existieren. Out sein. Alt sein.

Und doch: Ob wir nun ab 40 für die Evolution überflüssig sind oder bis 90 hocherwünscht, was hülfe es, wie die lutherdeutsche Frage heißt. Die Biologie kann uns keine existentiell erhellenden Antworten auf die Frage geben, wie wir darauf reagieren sollen, daß wir für die Evolution nicht mehr existieren. Wir *werden* biologisch gealtert, um es zugespitzt auszudrücken, und es ist absurd genug, den Prozeß der allmählichen Verfremdung und Enteignung zu beobachten, der mit unserem Körper geschieht.

Wie sich der Körper im Zeitlupentempo von mir distanziert, so daß ich mich von ihm distanziere und ahne, es wird einen Tag geben, an dem ich mich, wenn auch vergeblich, weigere, diesen Körper als *meinen* Körper anzuerkennen, wie die Haut meiner Hände mir plötzlich fremd wird, eine Leihgabe aus dem Reich der Reptilien, wie die Formen verfließen, wie er sich in sprödes, müdes Material verwandelt und eine Kluft entsteht zwischen dem Ich und seinem Körper, eine Kluft, nur noch durch Schmerzen ausgefüllt, eine Kluft, die sich früher nicht auftat und aus deren Abgrund seltsame metaphysische Gedanken aufsteigen, so etwa die Vorstellung, es müsse doch eine Seele geben, die den sich verfremdenden Körper überlebt.

Es müssen alte, von ihrem Körper distanzierte Menschen gewesen sein, die die Unsterblichkeit der Seele lehrten.

Als Platon Mitte 50 war, in einem Alter also, das die Kluft zwischen Ich und Körper deutlich spüren läßt, schrieb er in seiner »Politeia« einen Dialog zwischen Sokrates und dem greisen Kephalos. Der alte Mann Kephalos beschreibt, was auch heute in jeder jammernden Altherrenrunde zu hören ist.

»Wir Greise von gleichem Alter finden uns oft zusammen, getreu dem Sprichwort. Dann fangen die meisten an zu klagen; sie haben Sehnsucht nach den Freuden der Jugend; sie denken an die Liebe zurück, an Trinkgelage und Gastmähler und an alles, was damit zusammenhängt. Sie trauern über den Verlust so herrlicher

Dinge und sagen: Damals lebten wir in Freuden, heute leben wir gar nicht mehr. Manche beschweren sich auch über die Kränkungen, die alte Leute von ihren Verwandten erfahren. Und so singen sie ein Klagelied über das Alter, das an allen Leiden schuld sei.«

Nun lehrte Platon die Unsterblichkeit der Seele, und deswegen konnte er seinem Gesinnungsfreund Kephalos die dazugehörende Theorie über das Alter in den Mund legen – daß es gar nicht am Alter liege, wenn jemand Alterserfahrungen macht, sondern am Charakter:

»Ich glaube, Sokrates, die Leute irren sich, wenn sie dem Alter die Schuld geben. Denn läge es am Alter, so müßte es doch mir und allen Hochbejahrten ebenso ergehen. Ich habe aber Leute gefunden, die sich anders fühlen. So war ich einmal bei dem Dichter Sophokles und hörte, wie ihn jemand fragte: Sophokles, wie steht es bei dir mit der Liebe? Kannst du noch mit Weibern verkehren? Still! sagte jener; ich bin glücklich, dem rasenden, trotzigen Tyrannen entronnen zu sein... Ist der Mensch mäßig und genügsam, so ist auch das Alter keine schwere Last; ist er es nicht, Sokrates, so ist auch die Jugend voller Beschwerden.«

Wenn nur der Körper altert, die Seele aber nicht, wenn der Körper ein Gefängnis der Seele ist (das Wort Sarg kommt vom griechischen sarx, zu deutsch: Fleisch), dann heißt altern, sich befreien, die Fesseln abwerfen, der eigentlichen Bestimmung, der Unsterblichkeit, näher kommen, einem körperlosen, jenseitigen Dasein.

Die heute so beliebte Ideologie, daß Altern die Chance zur »späten Freiheit« biete, daß der Alternde, sofern er sich anstrengt, seelisch und geistig reifen könne, stellt die moderne Variante der platonischen Alterstheorie dar.[3]

Manchmal lassen pensionierte Politiker und hohe Funktionäre, befreit von der Bürde ihres Amtes, etwas von der späten Freiheit ahnen, wenn sie endlich Klartext reden und diplomatische Rücksichtnahmen fallen lassen. Das wäre im übrigen auch ein gutes Argument dafür, Päpste in den Ruhestand zu schicken. Ein Papst, der nicht mehr in der Pflicht ist, könnte vielleicht jene christliche Heiterkeit ausstrahlen, die wir an dem derzeit amtierenden so unangenehm vermissen.

Was auch immer aus dem Ich wird, das im Körper steckt, die Aufgabe läßt sich nicht umgehen: Wir müssen unser Selbstbewußtsein dem Alterungsprozeß abtrotzen. Und da hört der Erkenntniswert der Biologie auf. Wenn die *Natur* uns, die die 40 überschreiten, nicht mehr benötigt, wenn diese angeblich so freundliche, wohlmeinende Allmutter von uns nichts mehr wissen will, dann wird die Art, wie wir altern, zu einer Frage der *Kultur*. Wir sind auf uns selbst zurückgeworfen.

Besuch bei den schwarzen Männchen

Ich hatte mein neues Lebensproblem ein paar Wochen ruhen lassen und mich mit anderen Dingen beschäftigt. Eines Nachts wachte ich mit einem Ruck von einem Traum auf:

Ich befinde mich in einem fremden Haus. Um mich herum sehe ich Freunde, Bekannte, Familienangehörige. Meine Frau steht mit einigen der Gäste in einer Runde und sagt:

»Mein Mann hat etwas erledigen sollen, aber er hat es verschlampt.«

Wütend rausche ich nach draußen. Ich höre noch, wie man mir nachruft, aber der Zorn reißt mich weg von der Gesellschaft. Ich renne und renne, bis ich an einen Fluß komme. Eine Brücke führt über ihn. Da sehe ich unter der Brücke kleine, schwarze Männchen. In der Hand halten sie Gewehre, mit denen sie mich beschießen wollen.

Eine Ahnung sagt mir, daß die Kugeln nicht tödlich sind, aber schmerzen. Um mich zu schützen, laufe ich auf die Brücke. Der Fluß unter mir ist flach und steinig. Ich will der unangenehmen Situation entfliehen und springe hinunter. Während ich falle, hoffe ich, daß sich der Fluß in ein tiefes Gewässer verwandelt und ich nicht auf den Steinen zerschmettert werde. Ich wache auf.

»Vielleicht hast du wirklich etwas zu erledigen?« fragte mich meine Frau beim Frühstück, als ich ihr den Traum erzählte. »Aber du drückst dich und rennst raus. Die Männer unter der Brücke sind deine Konkurrenten im Beruf, die dich fertigmachen wollen.«

»Und warum springe ich in den Fluß, statt ans andere Ufer zu rennen?«

»Vielleicht aus Panik, weil du noch nicht weißt, wie du mit dem Problem umgehen sollst? Vielleicht kannst du erst ans andere Ufer, wenn du dieses Problem gelöst hast.«

Sie hat recht, dachte ich. Ich muß mich um das Problem kümmern. Sonst gerate ich eines Tages in einen Zustand der Unzurechnungsfähigkeit. Ich sehe mich besinnungslos agieren: ein hastiger Griff ins moderne Arsenal männerverjüngernder Maßnahmen: Turnschuhe, Jeans, T-Shirt und ein Motorrad. Und dazu eine zwanzigjährige Freundin.

Wäre es nicht würdevoller und souveräner, Ovid zu befolgen: »Du mußt in der Mitte des Raumes fliegen, mein Ikaros!« ruft der alte Dädalos seinem Sohn zu, als die beiden durch die Lüfte fliegen. Ovids »Metamorphosen« ist eines meiner Lieblingsbücher.

Warum kopflos in die Tiefe springen, statt ruhevoll wie ein weiser Chinese über den gefährlichen Fluß zu schreiten? Schließlich hatte ich mir die Brücke im Traum schon selber gebaut.

Hat C. G. Jung nicht recht? Gibt es nicht in unserer Seele Kräfte und Ahnungen, die unser Schicksal bestimmen? Wer war dieses Traum-Ich, das in Bildern zu mir sprach, als wolle es ein Gespräch in Gang setzen und eine Antwort provozieren? Dort, in den Tiefen meines Unbewußten, jenseits der panischen Triebe und Ängste, wußte ein Teil meines Ich, was ich nun tun und lassen sollte.

Nicht nur, daß etwas in mir wußte, was geschehen sollte. Dieses Wissen gab sich als Einladung, als ein auffordernds Bild: als Brücke. Jetzt brauchte ich nur zu reagieren. Jetzt mußte ich mich dazu bringen, die Brücke zu betreten.

Mir fiel wieder ein, was der Priester mir neulich in seiner biblisch gefärbten Sprache gesagt hatte: »Ich bin auf der anderen Seite der Tür und warte auf dich. Auch du wirst auf die andere Seite kommen.« Die Auspizien waren also gut.

Ich bin ein Theologe, der seinen Träumen mehr vertraut als der Theologie. Wahrscheinlich sind Träume ohnehin die Geburtsstätte jeder Theologie. Jetzt bist du dran, schien mir dieser Traum zu sagen. Das Glück ist auf deiner Seite, ja sogar die Gnade ist bei dir. Aber was nutzen dir Glück und Gnade, wenn du mit ihnen nichts anfängst, wenn du sie nicht ergreifst, wenn du dein Segel nicht in diesen Wind stellst?

Ich bin ein lutherischer Theologe, der Luther miß-
traut. In dieser reformatorischen Theologie spielt
das Verhältnis von Gnade und Leistung eine
große Rolle. Ohne Gnade, so lehrte Luther, sind
wir nichts und können nichts. Diese Akzentu-
ierung war in der historischen Situation Luthers
nicht nur religiös, sondern auch politisch befreiend. Ablaß, Reliquienhandel, Sündenerlasse,
Wallfahrten, Seelenmessen, Bußgebete – die Kirche hatte den Glauben kommerzialisiert, und das
religiöse Leben war verkommen zu einer verzwei-
felten, unerlösten Leistungsorgie, genährt von
der Hoffnung, sich die Gnade verdienen zu können.

Mittlerweile ist Luthers Botschaft ebenso verkommen wie damals die römische Lehre. Die
Gläubigen werden infantilisiert. Man züchtet ein
Heer von religiös arbeitslosen Kirchensteuerzah-
lern heran, die es sich in ihrem lutherischen
Lehnsessel bequem machen – Gott wird's schon
richten. Religiöse Leistung wird als »Gesetzlich-
keit« abqualifiziert. In den siebziger Jahren, als
Kritik an der Leistungsgesellschaft zum Stan-
dardrepertoire jeder Predigt gehörte, zitierte ich
Luther gern und mit Überzeugung. Heute, davon
bin ich überzeugt, würde Luther sich selbst re-
formieren und seine theologischen Akzente anders setzen. Mutig und trutzig würde er von der
Kanzel predigen, daß religiöse Leistung sich wieder lohnen müsse. Er würde sie fördern und prei-

sen. Ei, die Brücke ist gebaut, würde der neue Luther zu mir sagen. Nicht um der Würdigkeit deiner Verdienste willen, sondern um Gottes Barmherzigkeit willen. Doch nun mußt du dir selber Meister genug sein und dich den Weg über die Brücke führen. Senke dich in deinen Traum, dann wirst du dich selbst unterweisen über den Weg, auf dem du wandeln sollst.

Ergeben ließ ich den Traum vor mir vorüberziehen und suchte mit angespanntem Spürsinn nach versteckten Hinweisen.

In den kleinen schwarzen Männern imaginäre Konkurrenten zu sehen, das wollte mir allerdings nicht gelingen. Sicher schien mir nur, daß ich zu ihnen Beziehung aufnehmen mußte. Vielleicht waren es getarnte Heinzelmännchen? Wohlwollende Helfer, die mich auf unsanfte Weise mit meinem Problem konfrontierten? Nachdenklich ging ich ins Büro und gab mir Mühe, absichtslos und ohne nach einem Konkurrenten zu spähen, die Treppe zu erklimmen.

Die Post enthielt nichts Aufregendes. Einige eher unwichtige Briefe, eine Einladung des Bundesverbandes deutscher Bestatter, Manuskripte, Zeitungen. Ich schaltete meinen Computer ein und ließ mir die neuesten Schlagzeilen ausdrukken. Nichts Interessantes.

In der Kantine aß ich ein Schinkenbrot und unterhielt mich mit einer Kollegin über Vor- und Nachteile der Plastik-Hefeschüssel.

Als ich an den Schreibtisch zurückkam, fiel mein Blick auf die Einladung der Bestatter. Schon lange wollte ich mich mit dieser Berufsgruppe etwas ausführlicher beschäftigen. Vor vielen Jahren, ich studierte noch, war mir in einem U-Bahnhof das Werbeplakat eines Beerdigungsunternehmers aufgefallen. Ein feines Gespür, dachte ich, unter der Erde zu werben.

Warum empfinden die meisten Menschen das Bedürfnis, diesen Beruf ins Lächerliche zu ziehen? Darüber diskutierte ich damals mit einem Kommilitonen, der sich der Soziologie verschrieben hatte. Wir entwickelten eine Theorie der Todesagenten. Arzt, Pfarrer und Unternehmer – das sind die drei Todesagenten unserer Gesellschaft.

Der Arzt ist der Gott in Weiß. Er verkörpert den Kämpfer, der das Leben vor dem Tod zu retten versucht. Er ist der Held, der auf der Seite des Lebens steht. Niederlagen sind mit einbegriffen. Seine Rolle als Lebensbejaher wird dadurch nicht in Frage gestellt.

Der Geistliche vertritt ebenfalls das Lebensprinzip, wenn auch in einem anderen Sinn. Er spricht vom ewigen Wert des Verstorbenen, von seinem unvergänglichen Leben in einer neuen Schöpfung, in der der Tod endgültig besiegt sein wird.

Zwischen diesen beiden lebensbejahenden Todesagenten steht der Bestatter als einer, der sich nur mit dem Tod abzugeben hat. Auf Hochzeiten hat er, anders als der Geistliche, nichts zu suchen. Bei einer Geburt wird er, anders als der Arzt, nicht willkommen sein. Das Tote ist sein Revier. Er agiert gleichsam in der Unterwelt. Er steigt in die Kühlräume der Leichenhallen hinab, um die eisigen Leichname einzusargen. Er berührt tote Körper, aus denen jegliches Leben, jegliche Wärme entschwunden ist. Er ist zuständig für die Beseitigung eines Leichnams, von dem sich die Liebe der Angehörigen noch nicht abgelöst hat. Seit jeher galt die Berührung von Leichnamen als Tabu.

In der Welt des Bestatters gibt es nichts Helles. Das Licht ist nicht sein Element. Eher das Dunkle: das Grab, der Sarg, die Kapelle. Das sind alles Behälter, in denen etwas eingeschlossen und vom Leben ausgeschlossen, zuletzt für immer beseitigt wird. Von den Bestattern, die, wie Hotelkellner gekleidet, ihrem dunklen Beruf nachgehen. Schwarze Männer... Schwarze Männchen!

Beerdigungsunternehmer richteten ihre Gewehre auf mich – in meinem Traum! Sie waren es, mit denen ich Verbindung aufnehmen mußte. Und jetzt lag ihre Einladung auf meinem Schreibtisch. Der alte Luther hätte sich vor Freude die Hände gerieben. Die Gnade war mir zuvorgekommen.

Ich rief einen Bestatter an, den ich einmal getroffen hatte, und fragte ihn, ob ich ein Praktikum in seiner Firma absolvieren könnte. Ich wollte diesen Beruf näher kennenlernen, um eine längere Sendung darüber zu schreiben.

Eine halbe Stunde später saß ich in seinem Büro. Wir beredeten die Einzelheiten. Ich sollte einmal die Woche einen Tag mit der Mannschaft arbeiten, die dem eigentlichen Gegenstand des Gewerbes – dem toten Körper – am nächsten ist. Hauptaufgaben: abholen, reinigen, ankleiden, aufbahren, einsargen, Trauerfeier.

Meine Kleidung sollte unauffällig sein, am besten graue Hosen und dunkle Schuhe. Die Firma würde mir einen blauen Arbeitskittel und eine blau-weiß gesprenkelte Krawatte leihen. Ich war frei, zu kommen und zu gehen, wann ich wollte. Da die Tagesarbeit am frühen Vormittag verteilt würde, wäre es vorteilhaft, noch vor acht zu erscheinen. Danach würde die Truppe ausfliegen.

Eine Woche später begann ich morgens um halb sieben mein Praktikum. Der Bestatter führte mich durchs Haus. Er zeigte mir die Büros, die Kapelle und die Räume, in denen die Verstorbenen aufgebahrt werden. Er wies mich auf eine wichtige Sprachregelung hin. Nie dürfe man vor Angehörigen vom »Toten« sprechen. Das sei zu hart, zu endgültig. Es müsse immer heißen: der Verstorbene.

Zwei Verstorbene waren im Institut aufgebahrt – die ersten Leichen, die ich in meinem Leben sah. Eine Premiere, dachte ich. Eine junge Schwarze, die am nächsten Tag beerdigt werden sollte, und ein alter Mann. Ein geheimnisvolles Lächeln lag auf seinem Mund.

»Heute morgen hat er noch nicht gelächelt«, sagte mir der Bestatter. »Der Gesichtsausdruck ändert sich manchmal von Stunde zu Stunde. Das ist individuell sehr verschieden.«

Die junge Schwarze stammte aus Ghana. Ihr Mann und ihre zahlreiche Familie hatten die ganze Nacht bei ihr gewacht und waren erst vor einer Stunde nach Hause gegangen. »Mit der Videokamera«, sagte der Bestatter. »Die haben unablässig gefilmt, um den Eltern in Ghana zu beweisen, daß sie alles so machen, wie es die Sitte verlangt.«

Wir stiegen die Treppe ins Untergeschoß hinab. Mehrere Rollbahren standen herum. Die Toten sahen aus, als würden sie ein Morgennikkerchen halten. Niemand war zu sehen.

»Die sind gerade bei ihrem zweiten Frühstück«, sagte der Bestatter.

Wir gingen in einen Nebenraum. Fünf Männer saßen an einem Tisch, aßen Stullen und tranken Kaffee. Einer las Zeitung. Der Bestatter stellte mich vor. Keiner schien überrascht zu sein. Erst vor einigen Monaten hatte ein Lehrer aus Niedersachsen sein Praktikum im Beerdigungsinstitut hinter sich gebracht. »Er wollte wissen, was wir hier eigentlich tun«, sagte der Bestatter.

Ich wurde einem älteren, schmalen Mann mit

kurzem grauem Bart zugeteilt. Der Vormittag war schon verplant. Erst sollten wir ins Krankenhaus fahren und zwei Verstorbene aus der Pathologie abholen. Dann erwartete man uns im Sargdepot – mithelfen, neue Särge auszuschlagen.

Ich trank einen Kaffee. Dann zog ich einen blauen Arbeitskittel und die blau-weiß gesprenkelte Krawatte an. Meinen Mantel hing ich in einem Spind auf, der jetzt für mich reserviert war.

»Heute nachmittag können wir mal richtig üben«, sagte mein Anleiter.

»Wie meinen Sie das?«

»Na, wie man einen Verstorbenen abholt und auf die Bahre legt. Das muß ruckzuck gehen. Und lautlos. Sie können nicht in der Wohnung ankommen und vor den Angehörigen fragen: ›Wo muß ich denn jetzt anfassen?‹ Das muß sitzen.«

»Und wo üben wir?«

»In einem Altersheim. Im Sterbezimmer liegt eine alte Dame, die heute morgen gestorben ist. Die müssen wir sowieso abholen. Wir machen einfach die Tür zu. Und dann zeige ich Ihnen die Handgriffe.«

Wir stiegen in den Firmenwagen und fuhren zum Krankenhaus. Als wir ankamen und die Rollbahre aus dem Wagen holten, liefen einige Patienten in Schlafröcken an uns vorbei. Sie schauten uns halb ängstlich, halb feindselig an, als wären wir Todesengel im Einsatz. Von einem

Augenblick zum anderen war ich in eine neue Rolle geschlüpft. Ich war einer vom Beerdigungsinstitut geworden. Aber kein schwarzes Männchen, sondern ein blaues.

»Welcher Idiot von Architekt hat nur dieses Krankenhaus gebaut?« sagte mein Anleiter. »Normalerweise haben wir Unternehmer eine eigene Zufahrt, wo es keine Patienten gibt. Die kriegen doch einen Rückfall, wenn sie uns sehen.«

Mir war unwohl beim Gedanken, was mich in der Pathologie erwarten würde.

Wir schoben die Bahre durch lange Korridore und abgestoßene Schwingtüren. Hier waren keine Patienten mehr zu sehen. Auf der Bahre lag ein langer, brauner Ledersack mit Reißverschluß — für die Leiche.

Schließlich hielten wir vor einer schweren Eisentür. Mein Anleiter klingelte. Eine ältere blonde Assistentin in weißem Mantel öffnete.

«Tag, Ursel«, sagte mein Anleiter.

»Ein neuer Kollege?» fragte sie mit rauchiger Stimme.

Er stellte mich vor.

»Heute hab ich was Schönes für euch«, sagte Ursel. »Einen hübschen Opa. Der geht jetzt auf seine letzte Campingreise im Zelt.«

Sie meinte wohl den braunen Ledersack.

»Nehmt ihr das Kind auch mit?«

Mein Anleiter nickte.

Auf einer blanken Metallschippe lag ein nackter Mann mit offenem Mund. Sein Gesicht hatte einen gewalttätigen Ausdruck. Eine breite, frisch genähte Narbe zog sich vom Halsende bis zum Unterleib.

»Na, was haben die denn mit dir gemacht?« fragte Ursel. Sie blickte mich freundlich an. »Zieh dir mal lieber Handschuhe an.«

»Fest zupacken und drauflegen!« sagte mein Anleiter.

Wir hoben die Leiche von der Metallschippe auf die Bahre. Dann wickelten wir sie mit einer Papierdecke zu, legten sie in den Ledersack und schlossen den Reißverschluß. Ursel gab uns den Beutel mit der Leiche des Kindes. Wortlos nahmen wir ihn entgegen.

»Nachher, im Depot, zeige ich Ihnen mein liebstes Sargmodell«, sagte mein Anleiter auf der Rückfahrt. »Einen Verbrenner.«

Er meinte wohl Särge für Feuerbestattung.

»Wenn Sie möchten, fahren wir später noch beim Krematorium vorbei. Wir haben hier drei moderne Öfen.«

Er erzählte, wie er zum Beerdigungsinstitut gekommen war. Früher arbeitete er in einer kleinen Tischlerei. Ein Freund, der bei den Bestattern gelandet war, fragte ihn, ob er nicht rüberwechseln wolle. Es handle sich schließlich um einen krisenfesten Beruf. Das habe ihn überzeugt.

»Aber jetzt ist die Krise doch da. Die Kriegsjahr-gänge fehlen. Bis wieder ordentlich was nach-kommt, müssen wir ganz schön lang warten.« Das Geschäft sei flau, die Konkurrenz mache sich bemerkbar.

Wir lieferten unsere Ladung im Institut ab und fuhren zum Depot, um fabrikneue Särge auszu-schlagen und gebrauchsfertig zu machen.

Mein Anleiter barst vor pädagogischer Energie. Schritt für Schritt erläuterte er mir die Arbeit.

»Erst die Streben im Sargdeckel befestigen, dann die vier Beine am Sarg anbringen.«

Ich schaute ihm neugierig zu.

»Jetzt in den Sarg die Kreppeinlage. Auf die Kreppeinlage legen wir die Matratze. Und ans Kopfende das Kissen.« Der Sarg sah plötzlich ge-mütlich aus.

»Sozialsärge kriegen statt Kreppeinlage und Matratze nur Papier und Leinentuch«, sagte er mit strenger Stimme. »So, und zum Schluß den Deckel drauf – der Sarg ist fertig.«

Gemeinsam richteten wir vier Särge her. Bevor wir gingen, zeigte er mir seinen Lieblingsver-brenner.

Dann fuhren wir zum zweiten Frühstück zu-rück ins Institut. Als wir ankamen, waren zwei Mitarbeiter damit beschäftigt, einen friedlich aussehenden Jahrgang 1914 zu rasieren und zu kämmen. Die Lippen wollten nicht schließen. Mit Hilfe eines Klebestifts war das Problem schnell gelöst. Währenddessen erzählten sie sich von einer Hochzeitsfeier am Wochenende. Das Essen war anscheinend sehr gut gewesen.

Wir tranken Kaffee und aßen Stullen. Mein Anleiter las konzentriert in der Zeitung. Nach einer Weile blickte er auf die Uhr, sah mich erwartungsvoll an und sagte: »Und jetzt ab ins Altersheim – zum Üben.« Die Fahrt dauerte etwa zwanzig Minuten.

»Soll ich Ihnen mal erzählen, wie das mit meiner ersten Hausüberführung war?« fragte er. »Ich bin da völlig unvorbereitet reingeplatzt. Wir waren um einen Mann zu wenig, da werden ja immer drei Mann benötigt, die den Sarg tragen, mitunter auch vier, und da bin ich halt mit eingesprungen. Das ist eine ältere Dame gewesen, die schwer zu leiden gehabt hat, und das sah man dann auch. Ich hatte noch nicht richtig geübt, so wie wir jetzt gleich üben werden, ich dachte also, ich bräuchte nicht mit anzufassen, sondern nur den Sarg zu tragen. Na, dann kommen wir da ins Sterbezimmer, und dann ging es los. Faß du da mal an, faß du da mal an, und ehe ich mich versah, war ich drin. Keine schöne Sache für mich. Aber das Beeindruckende an dieser ganzen Überführung war – da war nun der Ehemann nachgeblieben, und er war der einzige, der noch in der Wohnung war. Keine Kinder, keine Verwandten. Und dann bat der Ehemann darum, ob er sich noch einmal allein von seiner Frau verabschieden dürfe. Wir betten also die Frau in den Sarg, machen alles zurecht, und während wir uns dann gewaschen haben, ist der Ehemann in das Zimmer reingegangen, und dann stellte er sich vor den Sarg hin und machte den Nazigruß. Das hat mich so von den Füßen gerissen, daß ich gesagt habe, das darf doch wohl nicht wahr sein.«

Wir kamen im Altersheim an. Durch einen Hintereingang schoben wir die Rollbahre mit dem braunen Ledersack in den Lift. In dem kühlen Sterbezimmer lag eine alte Frau. Ihr Gesicht war zur zeitlosen Todesmaske erstarrt. An der kahlen Wand hing ein Kruzifix. Mein Anleiter schloß die Tür und öffnete das weiße Laken, das die Tote bedeckte.

»Erst das Tuch hochziehen und umschlagen, dann die Füße und den Kopf einhüllen«, sagte er mit energischer Sachlichkeit. Wir übten diesen Schritt zweimal.

»Und jetzt stellen wir uns gegenüber. Ihre rechte Hand greift unter den Rücken, meine rechte Hand greift unter den Rücken. Und nun schließen sich unsere Hände unter dem Rücken. Jetzt können wir die Verstorbene heben und tragen.« Auch diesen Schritt übten wir zweimal.

Es war ein beruhigendes Gefühl, seine warme Hand unter der kalten Haut der Toten zu spüren.

Wir hoben die Frau in den Ledersack, verschwanden durch den Hinterausgang und schoben die Rollbahre in den Wagen.

Auf der Rückfahrt schwieg ich. Mein Anleiter blickte ein paarmal zu mir herüber.

»Man darf sich nicht alles unter die Haut gehen lassen«, sagte er. »Aber wenn ich ehrlich bin, es werden einem doch Fälle gebracht, wo man wirklich kämpfen muß, um das nicht an sich herankommen zu lassen. Wenn ich da so Kollegen von mir ansehe, ich will nicht sagen, daß es an denen runterläuft, aber die nehmen so etwas wesentlich leichter.«

Wir kamen im Institut an.

»Haben Sie Lust, sich das Krematorium anzusehen?« fragte mein Anleiter schwungvoll. Ich winkte ab.

»Ich glaube, ich gehe lieber nach Hause.«

Er blickte mich einfühlsam an.

»Ich gebe Ihnen einen guten Rat. Sobald Sie das Institut verlassen, denken Sie nicht mehr an die Arbeit hier. Sonst drehen Sie durch. Na denn, bis nächste Woche!«

Die Angst, das Leben aus dem Blick zu verlieren

Bin zu Fuß vom Institut nach Hause gegangen. Ich solle nicht mehr an die Arbeit denken, sobald ich das Haus verlasse, hat der Anleiter gesagt. Ich mußte unablässig an die Arbeit denken. Nein, nicht denken. Der ganze Tag hat sich in mich eingefressen, in meinen Körper, in meine Empfindungen, in meine Magengrube.

Ein Toter muß sich alles gefallen lassen. Er kann keinen Widerstand leisten und sich nicht über stillose Behandlung beschweren. Nach ein paar Stunden wird er steif. Die Gelenke müssen mit Gewalt gebogen werden. Er verweigert sich der Elastizität des Lebens, der Anpassungsfähigkeit, die zum Dasein gehört. Er wird wahrhaft unbeugsam. Er ist unterwegs in eine Welt des Nicht-Menschlichen.

Aber das kriegen wir schon hin. Wir schieben ihn vorwärts und rückwärts, mal in diese, mal in jene Ecke, wir lassen ihn stehen, weil wir unser zweites Frühstück essen und Zeitung lesen, wir holen ihn aus der Ecke heraus, um ihn noch einmal nach unserem Bilde zurechtzumachen –

dunkler Anzug, friedliches Gesicht, gefaltete Hände.

Ich nahm den Weg über die große Brücke, durch die Straßen der Stadt und dann an den alten Bäumen entlang. Ein milder Spätnachmittag. Der Wind fuhr mit sanften Fingern durch mein Haar, streichelte über mein Gesicht. Meine Mutter fiel mir ein. Ich versuchte mir vorzustellen, ich wäre wieder ein Kind, das von ihr getröstet wird.

Statt dessen sah ich nur Leichen. Ich hatte nicht die Kraft, das Bild meiner Mutter festzuhalten. Ich mußte bei den toten Körpern bleiben.

Ein toter Körper ist nicht mehr *dieser* Mensch, er ist auch nicht mehr *kein* Mensch. Du kannst ihn nicht mit du anreden, aber ein Es ist er auch nicht. Etwas dazwischen.

Das macht ihn unheimlich, dieses Undefinierbare. Auf seltsame Weise hat er sogar noch Anteil am Lebensprozeß, denn er ist unterwegs. Er wandelt sich jede Minute. Wir versuchen, sein menschliches Gesicht für ein paar Stunden zu bewahren – durch Schminke und ein paar Tricks. Er ist schon unterwegs. Er ist Teil eines gewaltigen Stroms, der ihn mitnimmt. Wohin? In die unendlichen Weiten des Nicht-Menschlichen. Auch das macht ihn unheimlich.

Er überläßt sich einer Strömung, die ihn wegträgt. Totsein heißt, weggetragen, weggeschoben, weggefahren, weggeschafft zu werden – alles Vorstadien des letzten Ziels: des Verschwindens. Bahre, Leichenwagen, Rollband, natürlicher Verfall. Wir sind Komplizen, Kollegen, wir, die Bestatter und die Natur. Wir ziehen an einem Strang, wir bringen die Bewegung in Gang, die dich für immer fortschafft.

Die Magie der Kindheit – etwas Verstörendes, Angsterregendes ist passiert, du rennst weg, wirfst dich in die Arme deiner Mutter, drückst dich mit aller Kraft an sie, gräbst dein Gesicht in ihre Kleider und schließt die Augen fest zu. Du spürst, wie das Unheil verschwindet, wie es von ihrem Körper aufgesogen und vernichtet wird. Wenn du deine Augen öffnest und dich von ihr löst, ist die Welt wieder intakt, und du bist ohne das Gift der Angst.

Du wirst jedesmal neu geboren, geborgen in diesem Kreislauf: zur Mutter, ihren Körper berühren, mit ihr verschmelzen, dich wieder lösen und zurück ins Leben. Ein Gebet, das immer erhört, immer erfüllt wird. Solange die Mutter mit der magischen Kraft ihres Körpers wirkt, braucht es keinen Gott dort oben, der sich in seinem unerforschlichen Ratschluß bitten und betteln läßt.

Ich erinnere mich genau an jenen Tag, als ich mit einem Schlag spürte: Ich bin kein Kind mehr. Ich war neun oder zehn Jahre alt. Etwas war geschehen, ich weiß nicht mehr was. Wie immer wollte ich zurückfallen in die Haltung des Kindes und zu meiner Mutter laufen. Aber der Weg zurück war versperrt. Eine unsichtbare Hand hatte die Tür zugemacht, und eine strenge Stimme in mir sagte: *Du* mußt das jetzt machen. Du bist kein Kind mehr.

An dem Tag bin ich mit einem Ruck um Jahre älter geworden und hinausgetreten aus der Zone der mütterlichen Magie. Eine Schwelle war für immer überschritten, wenn auch die Sehnsucht, zurückzufallen, bis heute geblieben ist – Quelle aller möglichen Süchte. Ich spürte das Unwiederbringliche, und gleichzeitig erregte mich die Aussicht, der Welt der Erwachsenen näher zu kommen.

Auf dem Weg nach Hause sah ich immer nur die toten Körper auf ihren Bahren vor mir. Sie hatten mich in ihre Welt hinübergezogen. Auch ich war ein Toter, vom anderen Ufer zu einem Besuch herübergekommen in die Welt der Lebenden – der noch Lebenden –, und ich blickte auf sie mit den Augen eines Toten. In den Menschen, die mir auf der Brücke, auf den Straßen entgegenkamen, sah ich nicht das Leben, sondern den Tod. Ich konnte nichts dagegen tun, ich stellte sie mir alle als Leichen auf der Rollbahre vor. Jeden, ohne Ausnahme. Ihre Gesichter blaß, eingefallen, erstarrt – zur kosmetischen Nachbesserung freigegeben. Ihre Körper schienen auf lächerliche Weise ephemer und flüchtig, als wollten sie mit ihren Bewegungen die Unausweichlichkeit des Todes verscheuchen. Ihre Lebendigkeit kam mir unwirklich vor. Wirklich, fest und sicher war nur der Tod, der wie eine Spinne sein Netz in ihnen spann und geduldig auf das Ende ihrer unwissenden, aussichtslosen Zappelei wartete.

Erst an diesem Tag wurde mir bewußt, daß ich einer Generation angehöre, die nie mit Leichen konfrontiert wird. Wir sehen nur Metaphern des Todes, nie den Tod selbst. Das macht ihn viel unheimlicher. Ich dachte an die Gedichte der Barockzeit, an ihr Nichtigkeitspathos, ihre Hymnen auf die Vergänglichkeit. Ein Zeitgenosse des Dreißigjährigen Krieges hat wahrscheinlich mehr Leichen als Lebende gesehen.

Plötzlich überfiel mich die Angst, daß ich diesen todesfixierten Blick nicht mehr loswürde. Daß ich nicht nur heute, sondern morgen, übermorgen, immer in jedem, der mir begegnete, nur noch die Anwesenheit des Todes sehen würde. *Die Angst, das Leben aus dem Blick zu verlieren.* Dann dachte ich – schlafe eine Nacht drüber. Morgen wirst du wieder das Leben spüren. Im Schlaf kehre ich wie das Kind zur Mutter zurück, regeneriere mich und sauge mich voll mit Lebenskraft.

Zu Hause las ich eines meiner Lieblingsgedichte – *Träumerei in Hellblau* von Georg Heym:

Wenn die Abende sinken
Und wir schlafen ein,
Gehen die Träume, die schönen,
Mit leichten Füßen herein.
Zymbeln lassen sie klingen
In den Händen licht.
Manche flüstern, und halten
Kerzen vor ihr Gesicht.[4]

Warum lasse ich mich auf dieses seltsame Unternehmen ein?

Zwischenbilanz
Dreizehn Glossen eines desorientierten
Mittvierzigers

1. Teure Neurose

Es gab einmal eine Zeit, als man sich noch für normal halten konnte. Aber das ist lange her. Heute wissen wir dank der Psychoanalyse, unsere Gesellschaft besteht aus lauter Neurotikern. Jeder von uns ist einer. Und so bleibt nur noch eine wichtige Frage: Wer verdient an unserer Neurose, wir oder jemand anders?

Um dieses Schicksalsproblem zu klären, müssen wir mutigen Blickes der Situation ins Auge schauen. Es gibt zwei Sorten von Neurotikern.

Die eine Sorte wirft die wertvolle, eigene Neurose ahnungslos zum Fenster hinaus. Das sind diejenigen, die zum Therapeuten rennen und kostbare Stunden ihres Lebens damit hinbringen, dem Therapeuten haufenweise biographisches Material gratis abzuliefern.

Der Therapeut sammelt das neurotische Material, setzt neue Namen ein und verfertigt daraus ein psychologisches Buch, das mit einer Startauflage von 100 000 unter das Volk geworfen wird.

Zu dieser Sorte von Neurotikern möchte ich nicht gehören. Denn mit dem Geld, das der bücherschreibende Therapeut an meiner Neurose verdient, kauft er sich ein Ferienhaus in der Toskana. Eine höchst bedenkliche Verwandlung: aus meiner Neurose ist *seine* Villa geworden.

Die zweite Sorte von Neurotikern geht weitaus geschickter mit der eigenen Neurose um. Statt dem Therapeuten die eigene Biographie gratis abzutreten, schreiben sie lieber selber ein Buch.

Das ist viel empfehlenswerter, und wie die jährlich ansteigende Flut von Neuerscheinungen zeigt, sind mittlerweile etliche Neurotiker auf diese therapeutensparende Lösung gekommen. Zwar sind wir so um unzählige schlechte Bücher reicher, aber der Neurotiker hat wenigstens das Beste aus seiner Neurose gemacht. Und mehr kann man von uns Neurotikern wirklich nicht verlangen.

2. *Krawattenträger*

An der Krawatte läßt sich das ganze Elend des Mannes erkennen.

Was ist eine Krawatte? Sie ist nichts anderes als eine getarnte *Hundeleine*, und der Krawattenträger, ob er es weiß oder nicht, ist eine Art *Mündel*, der von der Gesellschaft am Gängelband der Krawatte durch sein Leben geschleift wird. Natürlich versuchen Männer, die ja von Natur aus leidenschaftlich gern verdrängen, den Hundeleinencharakter der Krawatte zu *verleugnen*. Um von der Demütigung abzulenken, daß sie eine Schnur oder einen Strick um ihren Hals tragen müssen, stellen sie die *sekundären* Eigenschaften der Krawatte in den Vordergrund.

Da ist zum einen die Frage des *Knotens*. Man kann sich als Krawattenträger jahrelang mit der Frage beschäftigen, wie man seine persönliche Hundeleine um den Hals knotet, und um dieses Kardinalproblem brechen regelmäßig in den Modegazetten weltanschauliche Kämpfe aus, die hinter der bewegenden Frage, ob Sozialismus oder Kapitalismus, um nichts zurückstehen.

Das zweite Ablenkungsmanöver der durch Krawatte subordinierten Männer besteht darin, sich den Kopf über den *Stoff* des Gängelbandes zu zerbrechen. Soll es aus reiner, teurer Seide, aus Polyester, soll es modisch grell oder klassisch diskret gefertigt und geschnitten sein?

Knoten und Stoff — hinter dieser Scheinproblematik steckt Methode. Die Wahrheit ist, mit Hilfe der Krawatte geht die Gesellschaft dem Mann an Gurgel und Kragen und führt ihn, wohin er in der Regel nicht will.

Als Pensionist, alt, ausgelaugt und verbraucht, darf er die Krawatte ablegen, den Kragen öffnen und durchatmen. Aber dann ist es meistens schon zu spät.

3. Stiftung Religionstest

Welche Religion taugt etwas? Das ist die Frage, der wir uns heute widmen wollen. Wir, das ist die Stiftung Religionstest. Wir prüfen die religiösen Angebote nach modernen und zeitgemäßen Gesichtspunkten.

Unser Testkriterium heißt: Wie stehen die Religionen zum Müll? Müllfreundliche Religionen erhalten die Note »Sehr empfehlenswert«, müllfeindliche die Bewertung »Nicht empfehlenswert«.

Wann und wo, so mag mancher fragen, äußern sich die Religionen zum Müll? Das tun sie, antworten wir, wenn es darum geht, was nach dem Tod kommt.

Denn jedesmal, wenn ein Menschenleben zu Ende geht, stellt sich den Religionen eine große Frage: Wie wird seine Seele entsorgt?

Die Lösungsvorschläge der christlichen Religion sind unter ökologischen Gesichtspunkten sehr unbefriedigend. Zwar kommen einige Seelen in eine Art Müllverbrennungsanlage, Stichwort: Fegefeuer. Aber vernichtet werden sie dort nicht, sondern nur entschlackt. Bekanntlich ist im Christentum jede Seele ewig.

Da die Entsorgungsfrage nicht gelöst wird, erhält diese Religion von uns die Note »Nicht empfehlenswert«.

Anders die asiatischen Religionen. Erstens lassen sie die Seelen jahrtausendelang recyclen: Stichwort Reinkarnation. Zweitens lehren sie, daß die Seelen irgendwann ins Nichts eingehen: Stichwort Nirvana. Diese Lösung ist ökologisch sauber und naturgemäß.

Wegen ihrer Müllfreundlichkeit verleihen wir von der Stiftung Religionstest den asiatischen Religionen die Note: »Uneingeschränkt empfehlenswert«.

4. Abkündigung

Liebe Gemeinde, wir Protestanten sind liberal, weltoffen und basisorientiert. Wir sollen nicht nur Hörer, sondern Täter des Wortes Gottes sein. Deswegen möchte ich folgendes abkündigen:

OKR A., also Oberkirchenrat A., hat einen Brief von der HUK bekommen. Also Homosexuelle und Kirche, Sie wissen schon.

Die HUK schreibt an den OKR, daß sie in Verhandlungen mit der LUK eingetreten ist. Also Lesben und Kirche, Sie wissen schon.

Die HUK möchte mit der LUK fusionieren zur HULUK, also Homosexuelle und Lesben und Kirche.

Als der OKR den Brief von der HUK über die LUK bekam, saß er gerade beim Lunch und dachte über die Neugründung der SUK nach, also Sodomisten und Kirche, Sie wissen schon.

Der OKR dachte deswegen beim Lunch darüber

nach, weil er neulich im ÖRK war, im Ökumenischen Rat der Kirche, Sie wissen schon.

Im ÖRK hatte der OKR ein Brunch zu sich genommen, als er von einer Vertreterin der LUK, also Lesben und Kirche, über die Neugründung der SUK erfuhr, also Sodomisten und Kirche.

Die LUK-Vertreterin erzählte ihm über die SUK-Gründung und lud den OKR im ÖRK beim Brunch zum Lunch mit Vertretern der SUK ein. Denn LUK möchte mit der SUK zur LUSUK fusionieren.

Als nun der OKR den Brief der HUK bekam, daß sie mit der LUK zur HULUK fusionieren will, fragte er sich, wenn, wie er gehört hatte, die LUK mit der SUK zur LUSUK fusioniert und die HUK mit der LUK zur HULUK, wie dann das neue Dreiergebilde genannt werden soll?

Die Gemeinde ist aufgefordert, dem OKR Vorschläge zu machen. Amen.

5. Neujahrsansprache

Liebe Mitbürgerinnen und Mitbürger! Geben und Nehmen – das sind die Grundlagen unseres Zusammenlebens. Ein reifer, verantwortungsvoller Mensch muß lernen, abzugeben. Darauf weisen zu Recht die Kirchen hin.

Ein reifer, verantwortungsvoller Mensch darf aber nicht nur abgeben. Er muß auch imstande sein, etwas für sich zu tun, kurz, nehmen zu können. Darauf weist zu Recht unsere Industrie hin.

Wenn wir menschlich in Europa überleben wollen, müssen wir das Geben trainieren. Wenn wir wirtschaftlich in Europa überleben wollen, müssen wir das Nehmen trainieren. Uns ist die Pflicht auferlegt, zugleich Egoisten und Altruisten zu sein. Wie kann dies geleistet werden?

Kirche und Industrie können da nur bedingt weiterhelfen. Die Kirche erreicht mit ihren Gottesdiensten immer weniger Menschen. Die Industrie verspielt mit der Werbung von Tag zu Tag ihre Glaubwürdigkeit.

Da hilft nur die Psychologie weiter. Sie lehrt uns, daß Geben und Nehmen tief in der Kindheit verwurzelt sind.

Das Baby ißt, und das Baby scheidet aus. Essen und Stuhlgang sind die menschlich-biologischen Wurzeln unserer christlichen Ethik. Wir müssen wieder lernen, unseren Kindern einen lustbetonten Umgang mit diesen Grundfunktionen beizubringen. So sollten Vertreter der Kirchen, denen das Geben wichtig ist, sich verstärkt um den reibungslosen Stuhlgang unserer Kleinkinder kümmern. Der Industrie empfehlen wir eine intensive Anteilnahme am Abfüttern deutscher Babies.

Nur so werden wir als Deutsche in Europa unseren Platz behaupten.

Bernd ist bekanntlich ein fürchterlich wortkarger Junge. Schon seit etwa sechs Monaten schien Ute ihm ein sehr begehrenswertes Triebobjekt zu sein. Leider fand er nicht die richtigen Worte, um seinem Ziel, der Triebabfuhr, näher zu kommen.

Nun hätte Bernd so viel von sich erzählen können, um Ute für sich zu interessieren. Zum Beispiel, daß er auf überzeugende, ja vorbildliche Art und Weise seine Partialtriebe integriert hat.

Schon als Kleinkind durchlief er zielstrebig die orale Phase und zeichnete sich durch gewissenhaftes Lutschen seines Zeigefingers aus. So konnte er gute sechs Monate früher, als von Dr. Freud vorgesehen, in die anale Phase eintreten und durch trotziges Verweigern des Stuhlgangs Macht über seine Umgebung ausüben.

Nachdem Bernd seine erogenen Zonen voll ausentwickelt hatte, gelang es ihm in seinem sechsten Lebensjahr, alle sinnlichen Regungen zu bündeln und unter die Vorherrschaft der genitalen Partialtriebe zu stellen.

Mit diesen psychischen Leistungen hatte er sich aufs Beste für seine nun einsetzende Latenzzeit qualifiziert, die bei ihm, wiederum anders als von Dr. Freud vorgesehen, nur vier statt fünf Jahre dauerte.

Als Bernd 14 Jahre alt wurde, entschloß er sich zu einer verantwortungsvollen Treibstrukturreform. Er zog seine Libido kurz und bündig von den Eltern ab, um sie mit Heftigkeit auf Ute zu verschieben.

All diese spannenden Details hätte Bernd Ute erzählen können. Statt dessen fiel ihm nur ein einziger phantasieloser Satz ein: Ich liebe dich.

7. Kopf oder Bauch

Das Leben des gesunden und antifaschistischen Deutschen spielt sich zwischen zwei Polen ab, nämlich zwischen Kopf und Bauch.

Der normale Menschenverstand sagt uns, daß der gesunde und antifaschistische Deutsche weder verkopft noch verbaucht, sondern ausgeglichen sein sollte. Er sollte aus der Mitte leben, die sich bekanntlich etwa sieben Zentimeter über den Brustwarzen befindet.

Ach wäre es nur so. Die Wahrheit ist, daß diese Nation aus lauter verkopften Menschen besteht, die so tun, als würden sie verbaucht leben.

Der Grund für diese verbogene Einstellung ist allein in dem heftigen Antifaschismus der gesunden Deutschen zu suchen. Faschistische Menschen leben hundertprozentig aus dem Bauch, also aus der Zone, die sich etwa 20 Zentimeter unterhalb der Brustwarzen befindet. Es ist klar, daß ein Antifaschist sich das genaue Gegenteil vornehmen muß und sein Lebenszentrum in

jene Zone verlegt, die etwa 28 cm über den Brustwarzen beginnt, nämlich in den Kopf.

Nun ist jedoch der antifaschistische Deutsche auch gesundheitsbewußt. Die Gesundheit
mahnt ihn, daß es schädlich wäre, nur aus dem
Kopf zu leben.

Je mehr nun der gesundheitsbeflissene Deutsche sich verbauchen will und zu diesem Behuf
sein Lebenszentrum Zentimeter um Zentimeter
in Richtung Brustwarze absenkt, um so näher
rückt er dem verhaßten Faschismus da unten.

Die einzige Lösung dieses Dilemmas besteht
darin, verkopft zu bleiben und sich verbaucht zu
geben.

Deutsch sein ist eben nicht einfach.

8. Bauch oder Kopf

Er war ein Intellektueller, der für seine Überzeugungen mutig in den Tod gegangen ist. Er lebte
ganz aus dem Kopf. Aus seinem haarlosen, aber
potenten Kopf.

Übrigens, die letzten Wochen hielt er sich im
Krankenhaus auf. Ein Magenproblem, weiter
nichts.

»Ja, Sie, ich weiß, Sie leben aus dem Bauch.«

Das sagte er der Schwester mit dem weißen
Häubchen jeden Tag. »Sie geben sich Ihren Ge-
fühlen und Intuitionen hin, die biodynamisch-
ganzheitlich aus dem Solarplexus aufsprießen.«

»Soll ich Ihnen sagen, was ich davon halte?«
fragte er sie nach seiner zweiten Operation, als
drei Viertel seines Magens entfernt wurden. »Alles Bluff. Sie wollen mir doch nicht weismachen,
im Bauch wäre die Wahrheit.«

»Machen Sie nur weiter so«, scherzte sie säuerlich nach der dritten Operation, »Sie haben ja
bald überhaupt keinen Bauch mehr.«

»Ihre Gefühligkeit ist in Wirklichkeit nur
Denkunfähigkeit«, flüsterte er ihr vor der vierten
Operation matt entgegen. »Wo Ihnen unter Ihrem weißen Häubchen nichts einfällt, fangen Sie
einfach an, irgendwas zu spüren.« Dann fiel er in
Ohnmacht.

Als er aufwachte, saß sie neben ihm.

»Und von Ihrer Intuition halte ich schon gar
nichts«, fuhr er unbeirrt fort. »Intuition ist,
wenn man ins Blaue redet und dabei ins
Schwarze trifft.«

Er hätte noch gern die Reaktion der Krankenschwester gesehen. Er konnte es leider nicht,
weil er endgültig wegtrat. »Wer fühlt, will nicht
denken«, pflegte er zu sagen.

Er war ein großer Mann, der für seine Überzeugungen mutig in den Tod gegangen ist.

9. Wir Nachkriegskinder

Warum ist Weihnachten so schön? Weil wir endlich das sein dürfen, was wir in Wirklichkeit sind

— Kinder. Wir, die nach dem Krieg Geborenen, sind nämlich nie erwachsen geworden. Wir tun nur so.

Wir haben auch nie einen Grund gehabt, erwachsen zu werden. Unsere Eltern haben uns aus schlechtem Gewissen so lange verwöhnt, wie wir es gerade noch ertragen konnten.

Als wir unwirsch und der materiellen Fürsorge überdrüssig aus dem elterlichen Nest hüpften, landeten wir im mütterlichen Schoß des Staates. Die futterspendende Hand von Bafög füllte Monat für Monat unser Konto, und wir studierten so lange, bis uns der Überdruß am Überfluß zu einem mittelmäßigen Examen zwang.

In einem Alter, in dem unsere Eltern schon zehn Jahre Berufstätigkeit hinter sich hatten, bewarben wir uns und wurden aufgenommen in die bergende Großfamilie einer Firma, deren Betriebsrat strengstens dafür sorgt, daß kein böser erwachsener Vorgesetzter uns an den Karren fährt.

Die Gewerkschaften kämpfen dafür, daß uns Jahr für Jahr mehr Urlaub, höheres Gehalt und kürzere Arbeitszeiten spendiert werden.

In Weiterbildungskursen suchen wir auf Krankenschein das Kind in uns.

Wenn wir, inzwischen hart an die Fünfzig, in den Spiegel schauen, blickt uns ein alt gewordenes, melancholisch verknautschtes Babygesicht entgegen.

Warum so traurig, mein Liebling? Bald ist Weihnachten, und dann darfst du ganz das sein, was du wirklich bist: ein Kind.

10. Schicksal und Mitbestimmung

Ich bin ein leidenschaftlicher Anhänger der Mitbestimmung. Tatsache ist, daß ich die wichtigsten Dinge meines Lebens nicht mitbestimmen konnte.

Meine Geburt zum Beispiel. Keiner hat mir die Möglichkeit gegeben, mitzubestimmen, ob ich auf die Welt kommen wollte. Zähneknirschend muß ich mich damit abfinden, daß ich ins 20. Jahrhundert geboren wurde, ins Zeitalter der Weltkriege und der Naturzerstörung.

Wenn ich gefragt worden wäre, hätte ich mir einen höheren Intelligenzquotienten verpaßt und eine etwas kürzere, kräftigere Gestalt. Aber mich hat ja keiner gefragt. Denn sonst hätte ich mir gleich ein anderes Land ausgesucht und einen etwas wärmeren Geburtsort als Hamburg, wo ich unfreiwillig das Licht der Welt erblickte.

Ich finde den menschlichen Körper, der mir aufgezwungen wurde, ziemlich mißraten. Der Unterleib an sich ist doch eine einzige Fehlkonstruktion.

Alles wird einem übergestülpt. Sogar, als ich mich das erste Mal verliebte, durfte ich nicht mitmischen.

Die Liebe überfiel mich mit einer solchen Heftigkeit, daß ich unfähig war, zu protestieren. Ich mußte einfach ja sagen. Gegen den Ansturm fremdbestimmter Hormone kam mein freiheitsliebendes Ich nicht an. Um mir die Illusion der Selbstbestimmung zu erhalten, ergab ich mich fromm in die übermächtige Gefühlswallung.

Das Schicksal spielt mit jedem von uns Roulette. Darum bin ich für Mitbestimmung.

11. Herrliches Alter

Ich verstehe gar nicht, warum die Leute Angst vor dem Altwerden haben.

Früher, gut, da war das anders. Die Renten waren niedrig, die Altersheime schlecht und die Medizin noch nicht so weit wie heute. Mit dreißig galt man als alt, mit vierzig als sehr alt und mit fünfzig als Greis. Oder, wie es die jungen Leute heute sagen würden, mit dreißig bist du hinüber, mit vierzig bist du ein Grufti, mit fünfzig ein Komposti.

Aber die jungen Leute heute – das ist eben der Unterschied zu früher. Früher waren die jungen Leute immer in der Mehrheit und die Alten in der Minderheit.

Und genau das wird jetzt anders werden. Denn wenn wir einmal alt sind, in dreißig oder vierzig Jahren, wird es praktisch gar keine jungen Leute mehr geben. Der Pillenknick hat sie fast alle beseitigt, hurrah, hurrah, hurrah! Wir Alten werden endlich ganz unter uns sein.

Kein frecher Lümmel mehr, der in der Straßenbahn fett sitzenbleibt, wenn wir einsteigen.

Kein Beamter mehr auf der Behörde, der uns schikaniert. Keine junge Krankenschwester, die sagt: Und wie geht's uns heute?

Die sollen was erleben, die wenigen Jungen, die uns frech kommen.

Und wenn wir großzügig sein wollen, stellen wir sie unter Minderheitenschutz. Aber nur, wenn sie ganz ganz lieb zu uns sind.

Ach, wir baldigen Senioren gehen herrlichen Zeiten entgegen. Neulich haben sie ein Jugendheim schon in ein Altersheim umfunktioniert, weil es keinen Nachwuchs mehr gibt.

Das kann ich Ihnen sagen: In dreißig Jahren werden die jungen Leute ganz schön alt aussehen!

12. Fortschrittszweifel

Eine kleine Frage, nur so, zum Zeitvertreib. Wer war besser dran – die Großeltern, die Eltern oder der Enkel? Aber erst die Tatsachen.

Die Großeltern lebten in jenen finsteren Zeiten, als es noch keine freie Partnerwahl gab. Sie hatten einander nicht selber ausgewählt. Die Großmutter liebte nämlich einen anderen Mann, und der Großvater eine andere Frau. Sie wurden von ihren Eltern einfach gezwungen, zu heiraten, und so gingen sie eine erträgliche Vernunftehe ein. Die Ehe hielt bis zum Ende, und ihr entsprang ein Sohn.

Dieser Sohn lebte in weitaus aufgeklärteren Zeiten. Niemand zwang ihm eine Partnerin auf. Er durfte sich die Frau seines Herzens selber erwählen.

Bald nach der Hochzeit stellte sich heraus, daß er sich ziemlich getäuscht hatte – die Frau seines Herzens entpuppte sich als schwierige Gattin. Aber da er in jenen finsteren Zeiten lebte, als Scheidung noch verpönt war, hielt auch diese Ehe bis ans Ende.

Ihr entsprang wiederum ein Sohn. Der lebte in unserer total und radikal und ultimativ und endgültig aufgeklärten Zeit, in der man sich seinen Partner auswählen, sich jederzeit von ihm trennen oder scheiden und am nächsten Tag bereits mit einem neuen Partner zwecks Verehelichung oder Verwirklichung eheähnlicher Lebensverhältnisse zusammentun kann.

Mit dem Ergebnis, daß er mittlerweile zweimal geschieden ist und sich zur Zeit durch häufigen Partnerwechsel Einsamkeitsgefühle vom Leibe hält.

Dies also die Tatsachen. Die Frage lautet: Wer war besser dran, die unfreien Großeltern, die halbfreien Eltern oder der totalfreie Enkel?

Eine kleine Frage, nur so, zum Zeitvertreib.

Ich weiß, wie Sie sich fühlen. Sie haben ein schlechtes Gewissen. Denn Sie fühlen sich minderwertig. Sie leiden an Ihrem zerbeulten Selbstbewußtsein.

Ihr Körper zum Beispiel – eine einzige Problemzone. Haare, Hüfte, Hintern, Bauch und Schenkel – Schlachtfelder, auf denen Ihre Selbstachtung Tag für Tag eine demütigende Niederlage erleidet.

Jeden Morgen werden Sie von den immer gleichen Fragen gepeinigt:

Haben wir heute etwas abgenommen? Nein.

Ist der Bauch etwas straffer? Natürlich nicht.

Sind die Schenkel schmaler, die Hüften schlanker als gestern? Mitnichten.

Kaum sind Sie schuldbewußt in ein Eckchen gekrochen, um sich defizitär zu fühlen, überfällt Sie das Bewußtsein tiefer *psychischer* Minderwertigkeit.

Wie sieht es mit Ihrer Partnerschaftsfähigkeit aus? Verheerend.

Was tun Sie für Ihr inneres Wachstum? Nichts.

Was leisten Sie als Eltern? Nur Negatives.

Vermitteln Sie Sinn und Lebensfreude? Nein.

Und all das ist gut so. Sie werden gebraucht – minderwertig wie Sie sind. Und zwar von den schlanken, erfolgreichen und reifen Menschen ringsherum. Wie sollen wir diese Schoßkinder des Glücks bewundern, hätten wir nicht als abstoßenden Vergleichspunkt *Ihren* Bauch, *Ihre* Schenkel, *Ihre* seelische Verwahrlosung?

Sie sind das Dunkel, auf dessen Hintergrund die schönen Gestalten erstrahlen.

Warum also kämpfen? Nehmen Sie zu, verlottern Sie, lassen Sie sich gehen.

Vor allem: Bleiben Sie mit gutem Gewissen, was Sie sind — minderwertig.

Das Ende der Illusionen
Eine melancholische Gipfelkonferenz

Langsam wird mir klar, was ich bei den schwarzen Männchen suchte – und fand. L'état c'est moi – sagte Louis XIV. Ich sage: Die Leiche – c'est moi. Das Todessymbol. Wir sehen den Tod nicht mehr, weil wir keine Leichen mehr sehen – das, so meinte ich, sei typisch für unsere Generation.

Nun, der Gedanke ist nicht ganz richtig. Auch die Leiche ist nicht der Tod, auch sie ist nur eine Metapher. Für mich die Metapher eines Schwellenübergangs: Meine Jugend ist hinweggestorben. Ich bin auch kein junger Erwachsener mehr. Diese Phasen und Lebensabschnitte, abgeworfene Häute meines Lebens, liegen hinter mir. Es ist vollbracht: Ich bin auf dem Zenit meines Lebens angelangt.

Oh, die melancholischen Unterströmungen, die sich in die strahlende Wärme dieser Erfahrung mischen. Alles, was ich jemals erträumte und erhoffte, was ich in grenzenlosen Phantasien ausmalte – hier und heute soll es Wirklichkeit geworden sein? Hätte ich damals, vor fünfundzwanzig Jahren, die magische Fähigkeit besessen, in die Zukunft zu schauen, hätte ich damals einen Vergleich anstellen können zwischen den hochgespannten Ambitionen meiner jugendlichen Phantasie und dem, was daraus wurde, was heute Realität ist – aber der gütige Schöpfer weiß, warum er uns mit so beschränkten seherischen Fähigkeiten ausgestattet hat.

Ich bin ganz oben. Hier oben, auf luftigen Höhen, stürmen die seltsamsten Gipfelerfahrungen auf mich ein. Im Schweiße meines Angesichts habe ich gearbeitet, alle Energien gesammelt und in eine Richtung gelenkt, bin höher und höher gestiegen, um meinem Lebensideal näher und näher zu kommen. Jetzt, wo das Ziel erreicht ist und ich hoffen darf, nun endlich in den Genuß all meiner Bemühungen zu kommen, stelle ich mit Überraschung fest, erstens: daß ich trotz heftigster Anstrengung immer noch unten bin (die Bilanz der vergangenen 25 Jahre würde, in der Reitersprache ausgedrückt, so lauten: lebhaft treten, wenig Raum gewinnen), zweitens: daß ich keine Lust und noch weniger Kraft mehr habe, wirklich nach oben zu kommen.

Oben und unten verwirren sich, so wie heute rechts und links untaugliche politische Begriffe geworden sind.

Ich bin immer noch unten, oder besser: mittel-oben – wenn ich daran denke, was es wirklich heißen könnte, oben zu sein. Aber das setzt einen Maßstab voraus, der sich an äußeren Vorgaben orientiert. Genau diese Einsicht hindert mich daran, es weiter zu versuchen.

Zudem: Was soll so überaus erstrebenswert sein am Leben derer, die sich auf einer höheren Sprosse der sozialen Leiter niedergelassen haben? Mehr Sitzungen, mehr Anwesenheitspflicht. Aus dem Ich, sofern es überhaupt existiert, wird allmählich ein Betriebs-Ich. Nur die allerwenigsten widerstehen der charakterlichen Erosion, die die Berührung mit der Macht auslöst. Das höhere Gehalt soll wohl Schmerzensgeld sein, eine Entschädigung für geopfertes Leben.

Obwohl, obwohl... Würde man mir eine höhere, besser bezahlte Aufgabe antragen, ich weiß nicht, ob ich widerstehen könnte. Eine Rechtfertigung zu finden wäre das allergeringste. Daß ich es nicht geschafft habe, kann ich verkraften. Daß mich vermutlich niemand mehr fragen wird, ist etwas anderes. Jahrzehntelang habe ich mich doch abgemüht, den Gipfel zu erreichen. Ich habe gekämpft, ich habe meine Kräfte gebündelt und auf die schönsten Genüsse verzichtet, nur um dieses eine Ziel zu erreichen. Jetzt bin ich oben. Neugierig blicke ich auf das Panorama hinab.

Zur einen Seite liegt meine Vergangenheit. Nie habe ich sie so klar überblicken können. Was früher wie eine unverbundene Folge von Ereignissen aussah, stellt sich nun als ein zusammenhängender Weg dar, der sich bis zum jetzigen Punkt hinschlängelt. Ja, die Arbeit an mir zahlt sich endlich aus. Ich bin mir selbst durchsichtiger, verständlicher, vertrauter geworden. Es gibt nicht nur mich. Mein Leben ist eingewoben in das meiner Geschwister, meiner Freunde, meiner Eltern, meiner Zeitgenossen, meiner Vorfahren. Zurückblickend sehe ich mich als einen Teil des großen Panoramas, das wiederum nur ein Teil eines Teils ist – unsichtbare Welten hinter den sichtbaren Fragmenten.

Und nun wende ich den Blick zur anderen Seite. Vor meinen Augen liegt die Zukunft. Der Weg, der mich nach oben brachte, führt langsam wieder hinab. Ich werde absteigen müssen. Und mit einemmal, jetzt, auf dem Scheitelpunkt meiner Zeiten und meines Lebens, springt mir deutlich und unverkennbar ins Auge: Mein Leben ist begrenzt. Ich muß sterben.

Erst vom Gipfel aus reicht mein Blick bis zum Ende des Weges. Selbsterkenntnis *und* Todeswissen, Höhenerfahrung *und* Vergänglichkeitsgefühl, sie gehören hier, auf dem Zenit, zusammen.

Wann wird ein Mensch wirklich zum Menschen? Wenn er in seinem Körper *spürt*, daß er sterben muß. Vorher *wußte* er, daß alle Menschen sterben müssen. In dem Augenblick, wo aus dem »alle Menschen müssen sterben« der andere Satz hervorkriecht: »Ich muß sterben«, spürst du, was es heißt, Mensch zu sein. In der Mitte deines Lebens wird dir diese Erkenntnis zuteil.

Laßt uns nach den Anstrengungen des Aufstiegs und der todesschwangeren Erkenntnis eine Pause einlegen. Wir setzen uns auf eine Bank und geben uns besinnlichen Gedanken hin.

Ein kleines Gedankenspiel: Ich als 15jähriger begegne mir heute. Der Treffpunkt: hier, auf der Spitze eines hohen Berges, am Gipfel meines Lebens. Wie oft habe ich mir damals meinen Lebensweg ausgemalt und mich in der Phantasie in berückende Lebenshöhen hochkatapultiert. Wie findet der Jüngling den Mann? Ist er imstande, gerecht und verständnisvoll zu urteilen?

»Was«, fragt er entsetzt, »so siehst du aus?«

Ich weiß, daß er meine lässige Kleidung mißbilligt. Er wollte immer und unter allen Umständen so elegant wie möglich angezogen sein.

Aber sein forschender Blick dringt tiefer. Er erspäht die unathletische Verfassung meines Körpers, den Tribut an die alles niederziehende, alles zum Hängen bringende Schwerkraft.

Es ist wahr, unter dem weit geschnittenen Pullover wölben sich balgengleich mehrere schlaffe Bauchfalten, das Gesäß ist von jahrzehntelanger Bürofron breitgedrückt.

»Ich habe gekämpft«, wende ich zaghaft ein.

»Zwei Jahre lang war ich beim Body-building und habe versucht, mich in einen muskulösen Mann zu verwandeln. Zuerst hat es Spaß gemacht, dann wurde es anstrengende Routine, und zum Schluß habe ich resigniert. Widerstand und Ergebung. Das kannst du in deinem Alter noch nicht verstehen.«

Er ist nicht überzeugt, das merke ich.

»In einem Reihenhaus lebst du? In dieser Provinzstadt? Mit diesem Gehalt? Weiter hast du es nicht gebracht?«

»Nein, weiter habe ich es nicht gebracht. Und mit aller Wahrscheinlichkeit werde ich es auch in Zukunft nicht mehr weiterbringen.«

Unverdauliche Mitteilungen für einen Fünfzehnjährigen. Auch ich tue mich schwer damit. Er kann nicht anders, er muß sich wehren gegen das, was ich darstelle. Er kann nicht werden wollen, was ich heute bin. Er strebt nach Höherem.

»Das, was du bist, wird man auch ohne Träume und Phantasien. Das ergibt sich einfach so...«

Was antworte ich ihm darauf? Soll ich ihn um Entschuldigung bitten, daß ich seine blühenden Hoffnungen so enttäuscht habe? Soll ich ihn belehren, daß die Dinge nicht so einfach liegen, wie er meint?

»Bitte versuche zu verstehen«, höre ich mich sagen, »ich mußte mich mit ziemlichen Problemen herumschlagen, die du immer nur verdrängst. Irgendwann konnte ich nicht mehr in Phantasien schwelgen, was für ein großartiger Typ ich sein werde. Du mußt schon verzeihen, wenn ich nicht so genial bin, wie du es gerne hättest.«

Ich erinnere mich an die grandiosen Phantasien des Fünfzehnjährigen. Ein berühmter Pianist sollte aus mir werden, vom Erfolg verwöhnt, reich geworden durch millionenhohe Schallplattenverkäufe. Ich lutschte an der Phantasie wie ein Baby am Schnuller.

Wenn ich ins Bett ging, malte ich mir immer dieselbe Szene aus, die mich in den Schlummer gleiten ließ: Ich, der berühmte Pianist, gebe ein Konzert. Im Saal sitzt ein erwartungsvolles, illustres Publikum. Die bedeutendsten Kritiker sind ohne Ausnahme anwesend.

In den Minuten vor dem Konzertbeginn gehe ich in meiner Garderobe noch ein wenig auf und ab, um mich zu konzentrieren. Dann betrete ich das Konzertpodium. Rauschender Applaus brandet auf. Ich verbeuge mich und lasse den Beifall wie Meereswogen über mich fluten. Eine Begeisterungswelle nach der anderen strömt vom Publikum zu mir. Allmählich spüre ich, wie ich von der berauschenden Kraft, die den klatschenden Händen entquillt, sanft in die Höhe gehoben werde, durch die Decke hindurch hinaus aus dem Konzertsaal, in die Weiten eines warmen, dunklen, wolkenlosen Himmels, höher und höher ins geheimnisvolle All, tiefer und tiefer in die Welt meiner Träume.

Nie brauchte ich in dieser Abendphantasie je mit dem Konzert zu beginnen, nie mußte ich mich als bedeutender Pianist beweisen, immer schlief ich vor der Bewährungsprobe ein, ließ mich von den Begeisterungskaskaden der applaudierenden Menge in den Schlaf tragen.

Ja, es ist vollbracht. Ich bin auf dem Zenit meines Lebens angelangt. Statt den Höhenrausch zu genießen, überfällt mich für einen Augenblick das Bedürfnis, mich selbst um Verzeihung zu bitten, damit ich mit der Enttäuschung leben kann, nicht geworden zu sein, was ich werden wollte. Den Aufstand gegen das Schicksal, gegen die Gesellschaft, gegen die Eltern habe ich schon so oft geprobt, daß seine entlastende Wirkung nicht mehr eintritt. Ich will nicht mehr anklagen – das öde, phantasielose Spiel einer antherapierten Generation, die sich weigert, die Verantwortung für sich selbst zu übernehmen. Und wer will mir weismachen, dieser Mittvierziger sei so mißraten, wie der Fünfzehnjährige es suggeriert? Nein, wir werden uns von der Tyrannei seiner luftigen Ansprüche verabschieden und die schönen, tröstlichen Illusionen von einst zu Grabe tragen. Nicht umsonst war ich bei den kleinen schwarzen Männchen.

Von der Höhe meiner Lebensmitte schaue ich

zurück und blicke mit dem fachmännischen Blick eines Bestatters auf meine plötzlich und unerwartet verstorbene Jugend hinab. Nun liegt sie vor mir auf der Bahre, und ich habe einige Pflichten zu erledigen. Mir obliegt die Aufgabe, meine verstorbene Jugend fürs Begräbnis zurechtzumachen.

So wie der Bestatter den Verstorbenen wäscht, bekleidet, die Gesichtszüge ordnet und die Hände faltet, so werde ich meine dahingegangene Jugend pietätvoll in den Sarg meines Gedächtnisses betten. Bei passender Gelegenheit möge sie eine fröhliche Auferstehung erleben und in der Gestalt von sechs bis höchstens elf gut ausgefeilten und jederzeit reproduzierbaren Anekdoten und Geschichten zur Erheiterung dienen.

Vielleicht springt in einem unerwarteten Augenblick, im Alkoholrausch oder im Kino, die Erinnerung an eine völlig vergessene Episode flohgleich aus den Tiefen des Unbewußten empor. Ergriffen und stolz werde ich dann spüren, daß auch meine Vergangenheit größer, reicher, lebendiger ist, als ich ahne.

Vielleicht werde ich diese wiedergewonnene Episode meiner Frau präsentieren, um sie mit mir selbst zu überraschen, und sie wird erstaunt sagen: Das hast du mir noch nie erzählt, und für einen Augenblick werde ich mich fragen, wie viele Geheimnisse ich vor ihr habe.

Ich werde meine Vergangenheit zu Grabe tragen. Und dann will ich, wie es auf jeder guten Beerdigung Sitte ist, Schnaps und Bier trinken und lachend nach Hause gehen.

Zwei Versuche, dem Alter zu trotzen
Jean Améry und Faust

Wann wir beginnen, alt zu werden, das bestimmt nicht, wie Hermann Hesse in seinem zuckersüßen Gedicht »Stufen« meint, die wandlungsbereite Seele oder der Lebensruf, sondern die Gesellschaft, genauer, es wird uns zugemessen durch den »Blick der Anderen«, wie Jean Améry 1968 in seinem wahrhaft trostlosen Essay »Über das Altern« schrieb.

Améry war 56 Jahre alt, als er sich dem Thema zuwandte. Der so interessant klingende Name Améry ist lediglich eine Neukombination der fünf Buchstaben, die früher, vor dem 2. Weltkrieg, sich zu dem Namen Mayer zusammenfügten. Hans Mayer, später Jean Améry, 1912 geboren, verbrachte fünf Jahre seines Lebens, 1940–45, in verschiedenen Konzentrationslagern. Diese Jahre haben seine illusionslose Lebenssicht geprägt.

In seinem Essay »Über das Altern« schrieb er kaum verhüllt nur über sich selbst. Insofern ist sein Essay eines der wenigen bedeutenden Dokumente zum Thema: Altern als Mann. Bei ihm fand ich die schärfste Analyse, was es bedeutet, alt zu werden:

»Im Leben eines jeden Menschen gibt es einen Punkt Zeit oder, wenn man es in mathematisch-präziser Ausdrucksweise will, die Nachbarschaft eines Punktes, wo er entdeckt, daß er nur ist, was er ist. Mit einem Mal, so erkennt er, bewilligt die Welt ihm nicht mehr den Kredit seiner Zukunft, sie will sich nicht mehr darauf einlassen, ihn als den zu sehen, der er sein *könnte*. Die Möglichkeiten, von denen er doch glaubte, sie seien ihm noch gewährt, blendet die Gesellschaft nicht mehr ein in das Bild, das sie sich von ihm macht. Er findet sich – nicht aus eigenem Urteil, sondern als Spiegelbild des Blicks der Anderen, das aber alsbald von ihm interiorisiert wird – als Geschöpf ohne Potentialität. Niemand fragt ihn mehr: Was wirst du tun? Alle stellen fest, nüchtern und unerschütterlich: *Das* hast du schon getan.«[5]

Wir sind es, sagt Améry, die uns gegenseitig unser Alter zumessen. Wir machen uns alt, und wir lassen uns alt machen. Warum gilt die Regel, daß ein Mann ab 50 beruflich nicht vermittelbar, also ohne Zukunft, also alt, also quasi tot ist? Warum regt sich in fast allen Männern ab 40 diese Torschlußpanik, dieses beängstigende »Jetzt-oder-nie-Gefühl«? Warum brechen 40jährige Männer aus ihren Ehen aus und ziehen sich 20jährige Zweitfrauen ans Land? Wir blicken uns selber mit dem Blick der Anderen an, und dieser Blick verurteilt uns zu kopflosen Alternden, denen nur noch eine kurze Gnadenfrist bleibt. Und nirgends fügen wir Verunsicherten uns dem Blick der anderen mehr als dann, wenn wir, offenkundig oder subtil, versuchen, jung zu bleiben.

Jean Améry gab seinem Buch über das Altern den Untertitel »Revolte und Resignation«. Revoltieren wollte er gegen die Düperie des falschen Trostes, gegen irgendwo wahre, aber konkret verlogene Weichzeichnereien à la Hesse. Resignieren mußte er vor dem Unentrinnbaren des Älterwerdens.

Wer den Essay über das Altern liest, ahnt, von welchem Magneten die Gedanken angezogen werden. Acht Jahre später veröffentlichte Améry einen neuen, programmatischen Essay. Der Titel hieß diesmal: »Hand an sich legen – Diskurs über den Freitod«. Dort ist unter anderem zu lesen:

»Das Leben – (...) – ist Bürde. Der anzutretende Tag ist niederdrückendes Gewicht. Gewicht ist der eigene Körper, der uns zwar trägt, den aber auch wir tragen müssen – und niemals habe ich verstanden, wie fette Menschen es aushalten können mit sich. Last ist die Arbeit, lästig die Muße. Die Wohnung mit ihren Möbeln ist gewichtig. Der Lärm der Straße und der Menschenstimmen muß ertragen, *ge*-tragen werden – wie gescheit ist doch die Alltagssprache. Schwer ist der erigierte Penis, schwerer noch der hängende. Selbst die zartesten Brüste müssen mitge-

109

schleppt werden. Auch rücken stets vier Wände gegen uns zueinander. Sie werden uns zerpressen, und werden Be-*schwer*-de sein. Wie sagt man es? Mein Herz ist schwer, j'ai le cœur lourd.«[6]

Zwei Jahre später nahm sich Améry in einem Hotelzimmer in Salzburg das Leben. Er war 66 Jahre alt.

Altern als Mann. Gibt es zwischen Hesse und Améry nicht doch andere Wege, weniger weichspülend einerseits, weniger verzweifelt andererseits? Suchen wir also bei anderen Zeitgenossen, die uns etwas zu erzählen hätten. Aber wo? Die aktuelle Männerliteratur? Sie geht anderen Fragen nach. Wie hat man mir meine Rolle als Mann antrainiert und anerzogen? Wie finde ich zu meiner Männlichkeit? Welches Verhältnis habe ich zu Leistung, Erfolg und Macht? Wie steht es um meine Gefühlsfähigkeit? Habe ich Freunde? Wie erlebe ich meine Sexualität? Darüber werden Bände geschrieben. Dabei läge es doch gerade für die Männerbewegung nahe, sich mit dem Altern zu beschäftigen. Immerhin sind die Pioniere der Männerbewegung schon hoch in den Vierzigern, und das Patriarchat sieht mittlerweile auch recht alt aus.

Ganz anders machen es die Frauen. Wer als Frau in die Wechseljahre kommt, kann sich vor Erfahrungsberichten, Reports, zu Büchern ausgewalzten Ratschlägen und Begleitungsangeboten kaum noch retten. Diese Bücher stellen die

Leserin meist vor ein deutliches Entweder-Oder: Wechseljahre: Verlust der Weiblichkeit, Depressionen, Hitzewallungen, Hormonmangel — oder Auftakt in eine neue, schöpferische Lebensphase. Sieht man von dieser Vereinfachung ab, bleibt immerhin zu konstatieren: Die Angst, sich mit dem Älterwerden und seinen Symptomen zu beschäftigen, ist in der Frauenliteratur viel geringer ausgeprägt. Dafür gibt es natürlich eine Erklärung. Der Übergang in eine andere Lebensphase kündet sich bei Frauen als unabweisbares körperliches Symptom an. Bei Männern nicht.

Ich fürchte, wir müssen die Gegenwart verlassen und uns in ein anderes Jahrhundert begeben, wenn wir mehr über das Thema erfahren wollen. Die Zukunft liegt nicht selten in der Vergangenheit. Es sei mir erlaubt, einen berühmten Mann des späten 18. Jahrhunderts vorzustellen, dessen verzweifelter und letztlich erfolgreicher Versuch, den Agonien des mittleren Alters zu entkommen, für heutige Männer, 200 Jahre später, äußerst lehrreich ist. Der Mann heißt Dr. Faust, und die ersten Minuten des Dramas, das wir alle kennen, sind eine meisterhafte Schilderung dessen, was wir als akute Midlife-Krise verstehen.

Ich stelle mir Faust als einen 45jährigen Professor vor. Er hat den höchsten Punkt seiner Lebenskurve erreicht. Er ist in seinem Fach berühmt und unübertroffen, ein anerkannter Könner, ein virtuoser Intellektueller. All seine

Fähigkeiten und Begabungen hat er energisch entwickelt und zielstrebig ausgeformt. Jetzt, mit 45, ist der Mann einsame Spitze. Ambitiös und karrierebewußt hat er sich nach oben erigiert. Nun steht er ganz oben, dort, wo Männer so gern hin wollen. Und fühlt sich einsam und beziehungslos. Er spürt, daß der Kontakt zu dem Leben fehlt, das er hinter und unter sich gelassen hat. Der tragende Grund, sein vitaler, im Körper verankerter Lebensappetit, ist ihm abhanden gekommen. Als wäre das Hirn eine Art Ballon, der ihn in immer höhere Regionen emporhob.

So sähst du, voller Mondenschein,
Zum letzten Mal auf meine Pein,
Den ich so manche Mitternacht
An diesem Pult herangewacht:
Dann über Büchern und Papier,
Trübselger Freund, erschienst du mir!
Ach! könnt ich doch auf Bergeshöhn
In deinem lieben Lichte gehn,
Um Bergeshöhle mit Geistern schweben,
Auf Wiesen in deinem Dämmer weben,
Von allem Wissensqualm entladen
In deinem Tau gesund mich baden![7]

Faust, ein unmasochistischer Intellektueller, der Leiden haßt, eine Seltenheit unter Intellektuellen, hat geahnt, daß er irgendwann ans Ende seines Lateins kommen könnte. Für den Ernstfall hat er also ein kleines Giftfläschen in seinen Schrank gestellt.

Und eines Tages ist es soweit. Faust kann die Gefühle von Sinnlosigkeit, Einsamkeit und Beziehungslosigkeit, die ihn bestürmen, nicht mehr ertragen. Sein Versuch, den Okkultismus zu bemühen und Geister zu beschwören, ist fehlgeschlagen. Jetzt ist er am Ende und ohne Perspektive. Faust hat keine Zukunft mehr.

Wer keine Zukunft mehr hat, ist tot, sagt Jean Améry. Also geht es nur noch darum, diese Tatsache an sich selber zu vollziehen, Hand an sich zu legen.

Faust greift nach einem Fläschen.

> Ich grüße dich, du einzige Phiole,
> Die ich mit Andacht nun herunterhole!

Stilvoll zelebriert er seinen Abgang:

> Den ich bereitet, den ich wähle,
> Der letzte Trunk sei nun mit ganzer Seele
> Als festlich hoher Gruß dem Morgen
> zugebracht![8]

In dem Augenblick, in dem Faust das Fläschchen an seine Lippen hebt, um sich zu vernichten, hört er Ostermusik. Diese Musik, die ihn von der Selbstvernichtung abhält, ist wie eine Hoffnung, es möge doch noch eine Lebensverheißung geben, die ihn locken könnte. Er läßt ab von seinem Selbstmordversuch, öffnet die Tür, geht nach draußen, mischt sich unters Volk, trinkt Bier und tanzt mit einem Mädchen. Das klingt wie eine säkulare Auferstehung. Aber dieses Ostererlebnis bringt ihn zurück ins Leben, genauer: in seine eigene, verleugnete, wegsublimierte Vitalität, indem sie ihn mit *der* Seite seines Wesens konfrontiert, die er abgedrängt hat. Im Drama wird diese Seite durch Mephistopheles verkörpert. Mephistopheles symbolisiert das ungelebte Leben, das, was so viele Männer ab vierzig verfolgt. Faust wird mit seinem ungelebten Leben konfrontiert, mit seiner nicht wahrgenommenen Jugend.

Unser Leben fordert einen ungeheuren Verzicht an unmittelbar gelebter Vitalität. Männer – und Frauen – zahlen einen hohen Preis, um Beruf, Familie, Bildung und Kultur zu erwerben, um zivilisiert zu sein. Wie läßt sich bei so viel Verzicht altern, ohne in das Gefühl zu verfallen, noch gar nicht wirklich gelebt zu haben?

Lehrreich an Faust ist nun, wie er diese Frage beantwortet. Er versucht, das Versäumte, NichtGelebte auf unmittelbare Weise nachzuholen, und genau das führt in die Katastrophe. Wenn es etwas aus Faust zu lernen gibt, dann dies: Man kann nicht mit 45 im unmittelbaren, direkten Sinn wieder zurück und alles nachholen. Sich T-Shirts anziehen, Adidas-Turnschuhe tragen, ein 18jähriges Gretchen an Land ziehen und ihr ein Kind machen.

Aber wie dann mit dem Dilemma des Älterwerdens fertigwerden, mit dem magischen Blick der anderen, der uns unser Alter zuweist, mit dem sich von uns distanzierenden Körper, wie fertigwerden mit der latenten Verachtung, die Älteren entgegengebracht wird, mit der Scham, es nicht mehr zu bringen, mit der unstillbaren Sehnsucht, das ungelebte Leben nachzuholen?

Im 2. Teil des Faust gibt es darauf eine symbolische Antwort. Bekanntlich wird Faust erlöst, wenn auch erst als hornalter Mann. Die Antwort auf die Frage, was Faust an die Stelle seines ersten, gescheiterten Versuchs setzt, dem Alter auszuweichen, klingt vage verheißungsvoll: Er versucht nicht noch einmal, das versäumte Leben konkret nachzuholen. Er begibt sich in die Welt der Mythologie, der Imagination, der Metaphern und der Symbole. Er geht hinab zu den »Müttern«, er begegnet dem Urbild der Frau, Helena, er reist zurück in die Welt der griechischen Mythologie und endet als produktiver Greis, der Deiche baut. Er stirbt mit den Worten:

Es kann die Spur von meinen Erdetagen
Nicht in Äonen untergehn.
Im Vorgefühl von solchem hohen Glück
Genieß ich jetzt den höchsten Augenblick.[9]

Faust stirbt, als wäre der Tod eine Ekstase. Kein ungelebtes Leben hält ihn mehr fest.

Auf einer anderen Ebene als der des unmittelbaren, konkreten Lebens scheint es eine Lösung all der quälenden Fragen zu geben, die einen Mittvierziger beuteln. Das klingt sehr tröstlich, wenn es ohnehin von Tag zu Tag schwerer fällt, das ungelebte Leben konkret nachzuholen. Aber wo ist die Brücke, die mich von dem ersten Teil meiner Lebenstragödie in den zweiten führt?

Verwandlungen
Dädalos und Ikaros neu gelesen

Ich habe ein Alter erreicht, das es mir nicht mehr erlaubt, nur ein Individuum, nur ein Sohn zu sein, der sich selbst sucht. Allmählich und unmerklich bin ich ein Vater geworden – nicht im biologischen, sondern im metaphorischen Sinn – Repräsentant einer Generation und einer Zeitgeschichte. Langsam habe ich meine Jugend verloren und bin hinausgewachsen über meine individuelle Biographie, über meine höchstpersönlichen Eigenarten und Begrenzungen. Ich gehöre zu den »Vätern«, die Tradition verkörpern und weitergeben. In den Augen der Jüngeren bin ich eine Vatergestalt, an der sie sich erproben und messen können. Sie wissen nicht, in welch tremolierendem Zustand ich mich oft befinde, hin- und hergerissen zwischen dem Wunsch, nur Sohn zu bleiben, und der verlockenden Aufgabe, Vater zu werden. Sie wissen nicht, daß ich einen Ort suche, an dem ich mich niederlassen kann, einen Ort, der es mir erlaubt, den Sohn in mir zu verwandeln und ihn mitzunehmen auf die Reise, die mich in die Welt der Väter führt.

Nirgendwo finde ich die Dramatik dieses Übergangs besser dargestellt als in der alten Geschichte von Dädalos und Ikaros, wie sie Ovid vor 2000 Jahren in seinen »Metamorphosen«, zu deutsch: Verwandlungen, erzählte.

Der alte, verschlagene Handwerker Dädalos will aus Kreta fliehen, wo er in Verbannung lebt. Sehnsucht nach dem Lande der Heimat erfaßt ihn und Haß auf den Stiermenschen Minos, Kretas König, der ihn gefangen hält.

»Mag Länder und Wellen«, so sprach Dädalos,
»Jener verschließen: der Himmel steht offen.
Dort werde ich gehen.
Minos mag alles besitzen,
die Luft ist nimmer sein eigen.«[10]

Aus Federn, Fäden und Wachs bastelt er Flügelpaare für sich und seinen Sohn Ikaros.

»Du mußt in der Mitte des Raumes fliegen,
mein Ikaros«, belehrte er seinen Sohn, der in dem ganzen Unternehmen nur ein Spiel sieht, nicht ahnend, daß es um sein Leben geht. Der Alte mahnt:

»Sinkst du im Fluge hinab,
so beschwert dir Wasser die Flügel;
bei höherem Flug versengt sie das Feuer.
Beides vermeide im Flug!

Sieh nicht zum Hüter des Wagens
Noch zu der Helice hin und
Orions drohendem Schwerte.
Folge mir immer nur nach!«[11]

Er zeigt seinem Sohn, wie er die künstlichen
Flügel bewegen muß, und küßt ihn; seine Hand
zittert leise vor Angst und Sorge.
Sie steigen in die Lüfte auf. Der junge Ikaros
genießt die Bewunderung der Laffer und Gaf-
fer:

»Mancher — ein Fischer, der eben
mit zitternder Angel den Fisch fängt,
Oder ein Hirte, gelehnt an den Stab,
ein Bauer am Pflugsterz
— Sah sie und staunte darob:
wer die Lüfte könne durchschreiten,
Muß wohl zu Göttern gehören.«[12]

Ikaros beginnt, sich am Flug zu freuen. Von Lust
nach dem Himmel gezogen, sucht er immer höhere Bahnen. Je berauschter er der Sonne entgegenstrebt, um so sicherer eilt er dem Verderben
entgegen.

Die Nähe der glühenden Sonne
Weicht ihm das duftende Wachs,
das die Federn zusammengebunden.
Schmelzend schwand es dahin.

Mit den nackten Armen noch schlägt er,
Aber, der Schwingen entblößt,
kann die Lüfte er nicht mehr erfassen. [13]

Ikaros stürzt in die Tiefe.

Und so sanken die Lippen,
die eben den Vater noch riefen,
Tief in die dunkle Flut;
sie erhält von ihm ihren Namen.
Doch der unselige Vater,
schon nicht mehr ein Vater, er ruft ihn:
»Ikarus«, ruft er, »wo bist du?
Wo soll ich dich, Ikarus, suchen?
Ikarus!« rief er, da sah er,
bereits im Wasser die Federn
Und verflucht seine Kunst. [14]

Dädalos ist auf der Flucht. Dädalos steht für die Welt der Väter, der Tradition. Unsere Väter, unsere Tradition, unsere Ahnen, unsere Vergangenheit — seit Urgedenken erzählen sie von einem Gefängnis, dem es zu entfliehen gilt, von einer Macht, die sie gefangenhält und aus deren Bannmeile sie entkommen wollen.

Es ist unerheblich, ob wir bei der antiken Tradition beginnen oder bei der jüdischen. Diese beiden Wurzeln unserer Kultur liefern Fluchtgeschichten in allen Varianten.

Der Erzvater Abraham wandert aus dem engen

Ur aus, dem Land seiner Väter. Ein geheimnisvoller Ruf, der Ruf Jahwes, lockt ihn, der vermeintlichen Freiheit des gelobten Landes entgegen.

Seinem Nachfahren, König David, ist das gelobte Land, das er sich zu seinem Herrschaftsgebiet unterworfen hat, zu eng und zu klein. Er flüchtet in eine lebenslange Reihe von Eroberungskriegen, um dem Gefängnis des Status quo zu entkommen.

Das nachdavidische Judentum, politisch gedemütigt, militärisch impotent, wandert auf einer religiösen Sonderroute aus: in ein jenseitiges gelobtes Land, in das Reich Gottes, das der Messias mit Macht und Herrlichkeit herbeibringen wird.

Jesus rechnet überhaupt nicht mehr mit der Gegenwart. Denn »der Fürst dieser Welt«, der Satan, ist ihr Herr. Die Frist der Welt ist abgelaufen. Jesus erwartet ihr schleunigstes Ende, ja, er bittet es inbrünstig herbei: »Dein Reich komme...« Die Glaubensbotschaft der Jünger Jesu lautet: Wer an ihn, den Messias, den Christus, glaubt, hat das Gefängnis dieser Welt bereits verlassen und sich auf den Weg in die Freiheit der Kinder Gottes gemacht.

In den ersten nachchristlichen Jahrhunderten wälzen sich die Ströme der Völkerwanderung kreuz und quer durch den europäischen Kontinent. Flucht- und Suchbewegungen.

Das Mittelalter hält das Jenseits für realer als das Diesseits. Das Leben hienieden wird als ein

Vorspiel der wahren Seligkeit, als Gefängnis und Jammertal betrachtet.

Renaissance und Aufklärung wollen ausbrechen aus der Enge theologischer und kirchlicher Kerkerzellen. Die einen rückwärts nach vorne, indem sie die Ideale der Antike wiederbeleben. Die anderen vorwärts in das helle Reich der erleuchteten Vernunft.

Als sich die Kunde von der Neuen Welt verbreitet, schiffen sich Hunderttausende ein, um das absolutistische Gefängnis Europa zu verlassen und eine ganz andere, schönere Welt zu gründen.

Kommunismus und Sozialismus verkünden im 19. Jahrhundert den Weg in die klassenlose Gesellschaft, in eine von Gerechtigkeit und Gleichheit durchdrungene Gemeinschaft.

Wir leben im Jahrhundert der Flüchtlinge. Noch nie sind so viele Menschen auf der Flucht gewesen wie im 20. Jahrhundert. Sie fliehen vor den Kerkern der Diktatoren, vor Armut, Hunger und Naturkatastrophen.

Sogar der idyllische Westen wähnt sich in einem Gefängnis, auch wenn wir, durch die Medien über das Elend der restlichen Welt aufgeklärt, unsere Gefangenschaft als die zweifellos angenehmste und luxuriöseste zu schätzen gelernt haben. Aber das reicht eben nicht. Der unstillbare Wunsch nach Freiheit kommt nicht zur Ruhe. Der Tourismus, die moderne Variante der Völkerwanderung und zugleich pazifistischer

Eroberungskrieg, zeigt die Heftigkeit des Wunsches an, auszubrechen aus der Haftanstalt der sogenannten freien Gesellschaft. Unsere Wissenschaftler arbeiten rastlos an dem größten Projekt der Neuzeit: den Launen der Natur zu entkommen, ihren Seuchen, ihren Beschränkungen und ihrer Herrschaft über unseren Körper.

Immer nahmen die Väter die Söhne mit auf die Reise. Wir, die Söhne, werden hineingeboren in die Fluchtwelt der Tradition, der Väter und der Ahnen. Zunächst gehörten wir zum Gepäck der Geschichtskarawane, die dem utopischen Ziel entgegenstrebt, dem Land, wo Milch und Honig fließen.

Solange wir noch jung sind, scheint uns, wie Ikarus, diese Kette von Aufbrüchen und Verheißungen als ein herrliches Spiel. Die Geschichte beflügelt unsere Phantasie, wir lesen sie wie eine Märchensammlung, ohne noch zu ahnen, daß auch wir in sie verstrickt sind. Übermütig werfen wir uns dem Leben an die Brust, wir streben den Sonnen unserer Ideale und abenteuerlichen Phantasien entgegen, süchtig nach Gefahren und Selbstbestätigung, berauscht von den Errungenschaften der Kultur und den Wunderwerken der Technik,

Und immer dann rufen die Väter, mahnt die Tradition, raunen die Ahnen:

>Du mußt in der Mitte des Raumes fliegen,
mein Ikaros. Sinkst du im Fluge hinab,
so beschwert dir Wasser die Flügel;
bei höherem Fluge versengt sie das Feuer.
Beides vermeide im Flug!«

Das ewig richtige, ewig weise, ewig fade Rezept der Klassik: Strebe nach dem Mittelmaß. Meide die Extreme. Folge der Menge. Bleibe im Lot.

Immer, wenn die Jungen ausbrechen, meldet sich die Klassik zu Wort und erzählt die Geschichte vom übermütigen Ikaros, der nach der Sonne strebte, der die Mahnungen seines Vaters mißachtete, leichtsinnig die mittlere Bahn verließ und zur Strafe einen fürchterlichen Absturz erlebte. Der Sohn im Wasser zerschmettert, der Vater von Trauer zerrissen – alle Söhne, die diese Geschichte lesen, sind vorgewarnt.

Ikaros, im Höhenrausch, war von der Sonne angezogen. Er wollte nach oben.

Eine Gegengeschichte, die Anziehungskraft der Tiefe, erzählt der Klassiker Goethe in seinem Gedicht »Der Schatzgräber«, und auch ihm gerät ein faszinierendes Motiv zu einem moralisierenden Lehrstück.

Arm am Beutel, krank am Herzen,
Schleppt ich meine langen Tage.
Armut ist die höchste Plage,
Reichtum ist das höchste Gut!

Und, zu enden meine Schmerzen,
Ging ich, einen Schatz zu graben.
Meine Seele sollst du haben!
Schrieb ich hin mit eignem Blut.[15]

Der Schatzgräber betet die vorgeschriebenen magischen Formeln herunter, verrichtet das schwarze Ritual und beginnt zu graben. Mitten in der stürmischen Nacht taucht eine Erscheinung auf. Nicht der Böse läßt sich blicken, sondern, von Licht umgeben, ein schöner, blumenbekränzter Knabe, der eine glänzende Schale trägt.

Der Schatzgräber hat sich dem Bösen verschrieben, hat sich schwarzer Magie bedient und dunkle Mächte beschworen — aber der Geist, den er rief, ist eine helle, lichtumflossene Gestalt. Eine überraschende Wendung, voll theologischer Ironie und Erlösungsfreude.

Doch plötzlich stürzt Altvater Goethe ab in die biederste Mäßigungspredigt. Der geheimnisvolle Knabe muß ihm dabei als Sprachrohr dienen. Nachdem er dem Schatzgräber die Schale zum Trunk gereicht hat, spricht er zu ihm die poetischen Worte:

Grabe hier nicht mehr vergebens:
Tages Arbeit! Abends Gäste!
Saure Wochen! Frohe Feste!
Sei dein künftig Zauberwort![16]

Wenn ich Ovid aufschlage und die Tragödie von Dädalos und Ikaros lese, wenn ich Goethe lese, mit dem Schatzgräber in die Geheimnisse der Tiefe eindringe und mich den ernüchternden Abmahnungen der großen Dichter ausliefere, merke ich allerdings, daß ich nicht mehr nur auf der Seite der Söhne stehe und daß ich meinen eigenen Ort nicht mehr so genau wie früher anzugeben weiß. In unruhigem Pendelschlag schwanke ich hin und her zwischen Dädalos und Ikaros, zwischen dem Sohn, der sich wild nach oben schwingt, und dem Vater, der zur Mäßigung und Vorsicht rät. Ich stürze ab und betraure mich zur gleichen Zeit, ich umarme die Klassik und ihre Lebensweisheit, nur um wenige Augenblicke später mit allen Revolutionären zu sympathisieren.

Meine Eltern sind alt geworden; mein Sohn ist erwachsen. Dazwischen stehe ich und versuche, meinen Platz zu finden. Wo könnte er sein?

Wenn meine väterliche Seite mich bestimmt, lese ich das Lehrgedicht von Dädalos und Ikaros mit anderen Augen. Nicht mehr mit dem Hohn auf den Pantoffelcharakter klassischer Mäßigungsparolen, sondern als eine Parabel für die Unvereinbarkeit von Jugend und Alter, von Höhenflug und Disziplin, von Tradition und Aufbruch. Vater und Sohn, vereint im Abenteuer des freien Flugs, werden auf tragische

Weise getrennt. Die Errungenschaften der Vater-
welt, Weisheit und List der Kultur, geraten dem
Sohn zum Verhängnis und dem Vater zur
Schuld. Das Mittel, das die Flucht ermöglicht, tö-
tet den Sohn, und zurück bleibt ein trauernder
Vater, der, so sagt es Ovid, seine Kunst verflucht.

Die Alternative dieser Geschichte lautet: Weise
leben oder abstürzen. Ihre geheime Botschaft:
Nur wer die Weisheit des Alters hat, überlebt. Ihre
Aktualität liegt darin, daß sie spiegelverkehrt
verkündet, was heute gilt: Nur wer die maßlose
Vitalität der Jugend hat, überlebt. Eine moderne
Variante der Geschichte müßte Dädalos abstürzen lassen, weil er den Frevel begangen hat, alt zu
werden.

In beiden Varianten, der alten und der modernen, gibt es keine Versöhnung zwischen Vater
und Sohn, zwischen Tradition und Aufbruch.
Sie sind nicht imstande, die gemeinsame Reise,
die Lust am freien Flug, die sie miteinander ver-
bindet, zu Ende zu bringen.

Längst schon bin auch ich, wie alle Väter, auf
der Flucht und habe meinen Sohn und alle, die
meine Söhne sein könnten, auf die Reise mitge-
nommen. Wir, die Väter, haben sie nicht gefragt,
ob sie einsteigen wollen in die abendländische
Fluchtbewegung, Kultur genannt, ganz abgesehen davon, daß ihnen ohnehin keine Wahl bleibt.
Wir, die Väter, basteln weiter an den Flugtechni-
ken, die mittlerweile bedrohlicher sind als alles,

vor dem wir meinen, fliehen zu müssen. Zwar fühlen wir uns verantwortlich wie Dädalos, wir geben unseren Söhnen Lehren im Fliegen, denn bei aller Angst, bei allem Neid, den ihre Jugend in uns entfacht, lieben wir sie, die nachkommenden Generationen, und wollen ihnen unser Wissen mitteilen.

Doch die moderne Variante der Parabel, die Dädalos abstürzen ließe, trifft einen Kern. Längst schon haben wir, die Väter, die Kontrolle verloren. Nicht der Sohn, Ikaros, ist es mehr, von dem Ovid erzählt:

> Die Nähe der glühenden Sonne
> weicht ihm das duftende Wachs,
> das die Federn zusammengebunden.
> Schmelzend schwand es dahin.
> Mit den nackten Armen noch schlägt er,
> Aber, der Schwingen entblößt,
> kann die Lüfte er nicht mehr erfassen.[17]

Dädalos stürzt ab. Dädalos kann nicht mehr fliehen. Die Technik hat ihn eingeholt. Die Errungenschaften der Kultur summieren sich zur Selbstzerstörung. Mehr noch: Gemeinsam gehen Vater und Sohn unter. Es gibt keine Fluchtwege mehr. Es sei denn, Dädalos und Ikaros spalten sich nicht mehr auf in Weisheit und Jugend, Tradition und Aufstand, sondern tun sich im Angesicht der Gefahr zusammen.

Wo ist der Ort, an dem ich mich in meinen mittleren Jahren niederlassen möchte?

Dort, wo Dädalos und Ikaros sich versöhnen, um gemeinsam zu leben.

Ausblicke

Keine Larmoyanz mehr, keine Anklage der Eltern, der Gesellschaft, des Schicksals. Sich selber als Opfer zu sehen, die anderen als Täter, das tun alle, die nicht erwachsen werden wollen.

Kein Hoffen mehr, wie früher, auf mein eigenes Leben nach dem Tod. Das trug und tröstete mich, solange ich befürchtete, den Schmerz des Daseins nicht ertragen zu können. Alle müssen sterben, jedes Insekt, jeder Mensch, nicht nur du. Wenn es ein Leben gibt, das dieses Leben und diesen Tod umfaßt, wirst du mit allen Kreaturen daran teilhaben. Wenn nicht, dann haben wir gemeinsam dieses Leben geteilt. Das genügt.

Mein Leben nicht mehr zersplittern, sondern in eine Perspektive bringen. Sie heißt: mich als Teil des Lebens zu begreifen. Das Leben, mit all seinen Banalitäten, Schmerzen, Enttäuschungen, ist ein wunderbares Geheimnis. Dankbarkeit und Enttäuschung schließen sich nicht aus.

Auch die Arbeit in diese Perspektive eingliedern. Karriere, Gehalt, Anerkennung – das sind Werte, die ruhig verblassen können. Wenn keine Überraschung eintritt, wird sich an meinem Status wenig ändern. Das tut mir nicht mehr weh. Im Gegenteil: Die besten Tore werden aus der zweiten Reihe geschossen.

Nicht mehr auf Selbsttäuschungen reinfallen. Ich glaube weniger an die Lösung von Problemen als an ihre Bewußtwerdung. Sich eines Problems bewußt zu sein ist oft viel besser, als es handelnd aus der Welt schaffen zu wollen.

Es gibt immer irgend jemanden, der besser, intelligenter und begabter ist. Ihm nicht mehr ängstlich und neidvoll aus dem Weg gehen, sondern von ihm lernen.

Mein Wunsch: Im besten Sinne oberflächlich zu werden. Wahre Liebe zum Leben heißt: Liebe zur Oberfläche. Wer alles immer »hinter« den Dingen sucht, wer immer »in die Tiefe« geht, sieht am Leben vorbei. »Hinter« dem Leben ist das Nichts. Im Leben ist alles. Das Leben spricht für sich selbst.

Hab Mut, zu springen. Die Kraft, die dich trägt und hält, ist überall. Aber das weißt du erst nach dem Sprung. Nur wenn du Vertrauen aufbringst, erfährst du, daß es einen Grund zum Vertrauen gibt.

Schlußwort

Heute, fünf Jahre nach dem ersten Alters-
schock, bin ich begeistert von der Vorstellung, evolutionsbiologisch überflüssig zu sein.
Ich sehe darin eine wunderbare Metapher, die
ich ohne Mühe auf andere Lebensbereiche über-
tragen kann. Endlich gibt es also die Möglichkeit, das Korsett von Selbstverzweckung und
Fremd-Instrumentalisierung ein wenig zu lok-
kern.

Die anstrengende Aufgabe, durch permanente
Leistung Selbstbewußtsein aufzubauen und zu
reproduzieren, wird aufs angenehmste relati-
viert. Einer der größten Irrtümer von Männern
besteht darin zu meinen, Selbstbewußtsein
ließe sich nur dadurch erwerben, daß man *andere* von sich beeindruckt. Das Ergebnis ist, daß
ich das Fundament des eigenen Selbstbewußt-
seins nach außen verlege. Ich bin, was andere
von mir halten. Das führt natürlich in absurde
Abhängigkeit. Älter werden heißt für mich, den
eigentlichen Sinn von Selbstbewußtsein zu ent-
decken: mir *meiner selbst* bewußt zu werden,
das Zentrum in mich hinein zu verlegen und dadurch das Joch abzuschütteln, immer nur die

anderen beeindrucken zu müssen, um mich selbst gut zu fühlen.

Der zweite Gewinn, den ich als Alternder empfinde, hat mit Erotik zu tun. Älterwerden bedeutet, so will es das gängige Klischee, Potenzverlust. Was kann einem Mann Besseres passieren? Was ist Potenz? Die stets abrufbare sexuelle Leistungsfähigkeit?

Diese Art von Potenz werde ich mit Vergnügen los. Sie hat mich daran gehindert, Zärtlichkeit zu empfinden.

Und schließlich die Erfahrung der Grenze. Was ich früher nur theoretisch wußte, daß mein Leben begrenzt ist. Heute ist das eine geradezu sinnliche Empfindung. Sie lehrt mich, wie verletzlich, wie gefährdet, wie unwiederbringlich und unwiederholbar mein Leben ist. Daraus entspringt eine merkwürdige Mischung von Melancholie und Dankbarkeit, von Bescheidenheit und Freude. Es ist vor allem die Freude, teilzuhaben am Leben. Früher hätte ich immer gesagt: Ich lebe. Heute lebe ich in dem Bewußtsein, teilzuhaben an etwas, das größer ist als ich und das mich überdauert. Nicht alles sein, nicht alles können zu müssen, die Selbstbegrenzung nicht als Minderung, sondern als Steigerung zu empfinden, das ist eine der angenehmen Gaben des Älterwerdens.

Anmerkungen

1 Hermann Hesse, »Stufen« in: Die Gedichte, © Suhrkamp Verlag, Frankfurt am Main 1977, S. 448

2 Zum Folgenden: DIE ZEIT Nr. 5, 25. 1. 1991 und Nr. 51, 11. 12. 1992

3 Ich verdanke diesen Hinweis Wilhelm Mader, »Frühe Weichenstellungen? Altern und Lebensgeschichte« in: Emanzipiertes Altern, Bd. 1 Göttingen 1990

4 Georg Heym, »Träumerei in Hellblau« in: Briefe und Schriften, herausgegeben von Karl L. Schneider, C. H. BECK'SCHE VERLAGSBUCHHANDLUNG, München

5 Jean Améry, Über das Altern. Revolte und Resignation, Klett-Cotta, Stuttgart, 5. Auflage 1979, S. 65

6 Jean Améry, Hand an sich legen. Diskurs über den Freitod, Klett-Cotta, Stuttgart, 6. Auflage, 1992, S. 111

7 Johann Wolfgang Goethe, Faust, in: Die Faustdichtungen, Zürich 1950, S. 165 ff.

8 Ebenda

9 Ebenda

10 Ovid, Metamorphosen, Stuttgart 1987, Reclam, S. 52

11 Ebenda

12 Ebenda

13 Ebenda

14 Ebenda

15 Johann Wolfgang Goethe, »Der Schatzgräber« in: Sämtliche Gedichte, Zürich 1950, S. 125 f.

16 Ebenda

17 Ovid, Metamorphosen

Wann ist ein Mann ein Mann?

Nicht im privaten Beziehungsgeflecht wird das Männliche im Mann sichtbar, sondern in seiner Begeisterungsfähigkeit für große Ziele. Ein brisantes Buch, das in der Diskussion über Mann und Frau neue Akzente setzt. Denn nach Guggenbühls Überzeugung hat die Psychologie dieses Jahrhunderts nicht den Mann, sondern allenfalls seinen Schatten in den Blick bekommen.

Allan Guggenbühl
Männer, Mythen, Mächte
Was ist männliche Identität?
320 Seiten, Hardcover mit Schutzumschlag

Auch Männer brauchen Freunde.

Bei Wiedemanns Plädoyer für die Männer-Freundschaft geht es nicht um die üblichen kumpelhaften Beziehungen oder um politische Gesinnungsgenossen. Es geht um eine Freundschaft von neuer Qualität, die den Mann in seiner Männlichkeit bestärkt und ihm zugleich das Verstehen und die Nähe gibt, wie nur ein Mann sie dem anderen geben kann.

Hans Georg Wiedemann
Plädoyer für Männerfreundschaft
160 Seiten, Paperback

KREUZ: Was Menschen bewegt.

Judas ist näher, als wir denken.

Die finsterste Gestalt der christlichen Tradition, deren Verdammung zugleich die Rechtfertigung lieferte für Antijudaismus und Pogrome, wird hier mit Verständnis, ja Solidarität zurückgeholt an den Tisch des Abendmahls, in die Nähe Jesu und damit zugleich jedes ehrlichen Christen.

Wolfgang Teichert
Jeder ist Judas
Der unvermeidliche Verrat
142 Seiten, Paperback

Jesus, von Gott verlassen?

»Das Drama zwischen Jesus und seinem Vater besteht in einer herzergreifenden, tragischen Einseitigkeit. Der Sohn verzehrt sich nach dem Vater, der Vater schweigt.« Mit einer provozierenden These stellt sich Ezzelino von Wedel konsequent an die Seite Jesu, statt, wie Kirche und Theologie seither, die Position Gottvaters einzunehmen, der das Leiden seines Sohnes als Opfer für die Menschheit forderte.

Ezzelino von Wedel
Als Jesus sich Gott ausdachte
Die unerwiderte Liebe zum Vater
144 Seiten, Paperback

KREUZ: Was Menschen bewegt.

Das Ergrauen Europas — eine Zeitbombe?

»Gesellschaft scheitert am Problem der Überalterung. Sozialversicherung vor Bankrott. Offene Gewalt gegen Pensionäre. Altersheime brennen.« Horrorfantasien oder Zukunfts-Realität? Mohl, bekannt aus »Gesundheitsmagazin: Praxis« im ZDF, zeigt ein auf bedrückende Fakten gestütztes Szenario der Lebenssituation alter Menschen in naher Zukunft.

> Hans Mohl
> **Die Altersexplosion**
> Droht uns ein Krieg der Generationen?
> *220 Seiten, Paperback*

Von den lebendigen Alten:

Die Zahl der alten Menschen wächst, die Lebenserwartung steigt. In den nächsten Jahrzehnten werden 33 Prozent der Bevölkerung zu den Älteren und Alten zählen. Führt das zu einer »Ergrauung« der Gesellschaft, oder besteht die Chance, daß die »neuen Alten« ihr neue Impulse geben? Erfahrungen aus dem Unruhestand von prominenten Autoren geben der Vision einer künftigen Altenkultur Gewicht.

> Hans Jürgen Schultz (Hrsg.)
> **Die neuen Alten**
> Erfahrungen aus dem Unruhestand
> *268 Seiten, 20 Porträtfotos, Paperback*

KREUZ: Was Menschen bewegt.

Mit vierzig fängt das Leben an:

Helmut Remmler, Arzt und Psychotherapeut, macht an dem Märchen vom Königssohn anschaulich, wie radikal die Krise in der Lebenswende sein kann, die natürlich nicht genau mit vierzig Jahren eintreten muß. Aber als dieser mit Hilfe eines treuen Löwen den Mordanschlag eines Riesen überlebt und die schwarze Jungfrau erlöst hat, fängt für ihn wirklich ein neues Leben an.

Helmut Remmler
Der Königssohn, der sich vor nichts fürchtet
Mit vierzig fängt das Leben an.
126 Seiten, Hardcover

Hans im Glück:

Dr. med. Viktor Zielen deutet den anscheinend immer betrogenen Hans im Glück als Vorbild für höchste Lebensweisheit. Einer Gesellschaft, die an Besitz und Leistung orientiert ist, hält Hans lachend einen Spiegel vor, denn er weiß, was wirklich Glück ist.

Viktor Zielen
Hans im Glück
Lebenslust statt Lebenslast
144 Seiten, Hardcover

Möchten Sie mehr über die Reihe Weisheit im Märchen wissen?
Dann fordern Sie unser Gesamtverzeichnis an bei
Kreuz Verlag, Postfach 80 06 69, D- 70506 Stuttgart